Visual Basic para Excel y Word 2000

Visual Basic para Excel y Word 2000

Joan Josep Pratdepadua Bufill

Visual Basic para Excel y Word 2000
© Joan J. Pratdepadua Bufill

ISBN 84-7897-394-X, edición original publicada por RA-MA Editorial, MADRID, España. Derechos reservados © RA-MA Editorial

MARCAS COMERCIALES: RA-MA ha intentado a lo largo de este libro distinguir las marcas registradas de los términos descriptivos, siguiendo el estilo de mayúsculas que utiliza el fabricante, sin intención de infringir la marca y sólo en beneficio del propietario de la misma.

© **2000 ALFAOMEGA GRUPO EDITOR, S.A. de C.V.**
Pitágoras 1139, Col. Del Valle, 03100 México, D.F.

Miembro de la Cámara Nacional de la Industria Editorial Mexicana
Registro No. 2317

Internet: **http://www.alfaomega.com.mx**
Email: **ventas@alfaomega.com.mx**

ISBN 970-15-0536-0

Derechos reservados.
Esta obra es propiedad intelectual de su autor y los derechos de publicación en lengua española han sido legalmente transferidos al editor. Prohibida su reproducción parcial o total por cualquier medio sin permiso por escrito del propietario de los derechos del copyright.

NOTA IMPORTANTE
La información contenida en esta obra tiene un fin exclusivamente didáctico y, por lo tanto, no está previsto su aprovechamiento a nivel profesional o industrial. Las indicaciones técnicas y programas incluidos, han sido elaborados con gran cuidado por el autor y reproducidos bajo estrictas normas de control. ALFAOMEGA GRUPO EDITOR, S.A. de C.V. no será jurídicamente responsable por: errores u omisiones; daños y perjuicios que se pudieran atribuir al uso de la información comprendida en este libro, ni por la utilización indebida que pudiera dársele.

Edición autorizada para venta en México y todo el continente americano

Impreso en México - Printed in Mexico

CONTENIDO

PRÓLOGO	IX
PARTE I. INTRODUCCIÓN A VISUAL BASIC	1
CAPÍTULO 1. CONCEPTOS PRINCIPALES	3
OBJETO	3
PROPIEDADES , MÉTODOS Y EVENTOS DE LOS OBJETOS	4
Propiedades	4
Métodos	4
Eventos	5
CAPÍTULO2. DEFINICIONES BÁSICAS	7
CONTROLES	7
PROPIEDADES	9
EXAMINADOR DE OBJETOS	10
REFERENCIAS	11
VENTANA DE CÓDIGO	12
PARTE II. APLICACIONES CON EXCEL	15
CAPÍTULO 3. MANIPULACIÓN DE EXCEL	17
LIBROS Y HOJAS DE TRABAJO DE MICROSOFT EXCEL	20
Hojas de trabajo	23
Efecto 2000 en Microsoft Excel	24

CAPÍTULO 4. OPERAR CON LAS CELDAS 27

LLENADO DE CELDAS MEDIANTE SERIES 27
MANIPULACIÓN DE LAS PROPIEDADES DE LAS CELDAS 30

CAPÍTULO 5. PROPIEDADES BÁSICAS DE GRÁFICOS Y FUNCIONES 33

GENERAR GRÁFICOS DENTRO DE UNA HOJA DE EXCEL 33
    Asistente de gráficos 34
    Tipo de gráfico 39

UTILIZAR LAS FUNCIONES MATEMÁTICAS
    Y LÓGICAS DE EXCEL 51
    Conjunto de Funciones 57
    Trabajar con Euros 58

CAPÍTULO 6. TRATAMIENTO AVANZADO DE GRÁFICOS.... 61

PROTECCIÓN DE CONTENIDO 72
ANÁLISIS DE DATOS MEDIANTE GRÁFICOS 75
AGREGAR BARRAS DE ERROR 76
AGREGAR UNA LÍNEA DE TENDENCIA 80
NIVELES MÚLTIPLES DE DATOS EN UN GRÁFICO 84

CAPÍTULO 7. ORGANIZAR LOS DATOS DE UNA HOJA EXCEL. 89

ORDENAR COLUMNAS DE DATOS 90
FILTRAR UNA LISTA CON LA INSTRUCCIÓN
    FILTRO AUTOMÁTICO 97
FILTRAR DATOS APLICANDO CRITERIOS COMPLEJOS 98
AGREGAR SUBTOTALES A UNA LISTA DE DATOS 100
TABLAS Y GRÁFICOS DINÁMICOS 103
    Gráficos dinámicos 109

CAPÍTULO 8. USAR UNA PLANTILLA DE LIBROS DE TRABAJO 113

CAPÍTULO 9. CREACIÓN DE VÍNCULOS Y CONTROL DE LA IMPRESIÓN 121

CREACIÓN DE VÍNCULOS 122
VINCULAR DISTINTOS LIBROS 125
PREPARAR UNA HOJA PARA IMPRESIÓN 127

PARTE III. APLICACIONES CON WORD 131

CAPÍTULO 10. MODIFICAR EL FORMATO 133

PRIMEROS PASOS EN LA MANIPULACIÓN DE WORD 133
MODIFICAR EL FORMATO DE LOS CARACTERES Y
  DE LA PÁGINA 136
MODIFICAR EL FORMATO DEL DOCUMENTO 139
    Cómo guardar el documento 140
    Cómo cerrar el documento 141
    Alineación del documento 141
    Actualización del documento 142
MODIFICAR EL FORMATO DEL PARÁGRAFO 142

CAPÍTULO 11. TRABAJAR CON TABLAS 145

GENERAR UN GRÁFICO DESDE UNA TABLA 146
REALIZAR CÁLCULOS EN UNA TABLA 153
PROPIEDADES GENERALES DE UNA TABLA 161

CAPÍTULO 12. CAMPOS DE COMBINACIÓN 163

PLANTILLAS DE COMBINACIÓN CON WORD 2000 170
COMBINAR DOCUMENTOS Y CAMPOS DE WORD 173

CAPÍTULO 13. TRABAJAR CON COLUMNAS 179

CREAR COLUMNAS DE ESTILO PERIÓDICO 179
EDITAR EL FORMATO DE LAS COLUMNAS 184

CAPÍTULO 14. INSERTAR OBJETOS 191

INSERTAR OBJETO 191
    Insertar un objeto OLE 191
    Insertar un control OLE 193
    Insertar Caja de texto (TextBox) 194
    Insertar Etiqueta (Label) 194
INSERTAR FORMA 195
    Insertar Línea 195
    Insertar Curva 196
    Insertar Polígono 196
    Insertar Imagen 196
    Insertar Figura 197
    Insertar Forma Libre 199
    Insertar Fecha, Hora, Página 202

    Insertar Hipervínculo 203
  OPCIONES DE INTERNET.. 204
    Opciones de correo electrónico 205

CAPÍTULO 15. TRABAJAR CON CONTROLES **207**

  EJEMPLO 207
  APLICACIÓN... 209
  FORMULARIOS 214
    Introducción de datos económicos.. 214
    Listado de datos.. 215
    Listado por nombres 219
    Introducir datos de la agenda.. 221
    Borrar datos de la agenda 223
    Ordenar datos de la agenda 226
  OPCIONES DEL MENÚ 233
    Archivo. Salir 233
    Cuentas. Listado de datos 233
    Cuentas. Introducir. Pasivo... 233
    Cuentas. Listado de datos en Excel. Pasivo................................ 234
    Cuentas. Listado de datos en Excel. Activo............................... 235
    Cuentas. Listado de datos en Excel. Total 235
    Agenda. Listado. Listado por nombres...................................... 237
    Agenda. Listado. Ordenar los datos... 237
    Agenda. Buscar por nombres... 238
    Agenda. Introducir datos 238
    Agenda. Borrar datos.. 238
    Correspondencia. Escribir a.. 239

ÍNDICE **241**

PRÓLOGO

Actualmente, existe en el mercado gran número de programas que abarcan distintos campos de la técnica y la gestión, y que permiten controlar procesos cada vez más complicados. Desarrollar este tipo de programas exige herramientas potentes y fáciles de manejar como son las interfaces gráficas de programación *Visual*, en concreto *Visual Basic*. El lector puede encontrar multitud de libros donde aprender a programar con Visual Basic.

Si partimos de cero y pretendemos programar todas las operaciones que necesitemos utilizar en nuestra aplicación, invertiremos demasiado tiempo creando funciones que ya poseen otras aplicaciones. La finalidad de este libro es conseguir que el lector sea capaz de aprovechar todas las funciones de *Microsoft Excel* y *Microsoft Word* para incorporarlas en su aplicación. Ello se consigue programando *Excel* y *Word* desde Visual Basic.

Por ejemplo, si queremos crear una nueva aplicación en la que aparezcan gráficos, editores de texto especiales (sólo con determinadas funciones) y tablas de valores, procederemos de dos maneras distintas. En la primera, crearíamos los ejes de los gráficos, las divisiones, los menús del editor de texto, cada función, la página, la cuadrícula de la tabla, las dimensiones, una faena terrible que nos duraría demasiado tiempo. La segunda manera de proceder consistiría en controlar sólo con una pocas líneas de código las funciones que necesitemos de Excel y Word, ésta aplicación en Visual Basic estaría terminada en pocos minutos.

Si sumamos los recursos que nos ofrecen Excel y Word, junto nuestra habilidad a la hora de programar con Visual Basic, el potencial para crear aplicaciones complejas con pocos esfuerzos es inmenso.

Este libro se sirve de ejemplos para explicar las técnicas de programación de aplicaciones. A través de este hilo conductor introduciremos los nuevos conceptos y propiedades.

El libro se estructura en tres partes. La primera es un recordatorio de los conceptos principales para comprender el funcionamiento de Visual Basic, se supone que el lector tiene un nivel aceptable de programación. En la segunda, abordamos la programación y control de Microsoft Excel desde Visual Basic. En la tercera parte del libro programaremos Microsoft Word desde Visual Basic.

Al finalizar el libro, el lector tendrá una base suficiente para empezar a crear sus propias aplicaciones diseñando Excel y Word en la manera que crea oportuna. Ahora el usuario de estas aplicaciones no necesitará conocer el funcionamiento de Excel y Word porque el programador ya las ha configurado como él quería.

Este libro representa una nueva herramienta que, espero, ayude a los programadores a la hora de facilitar el duro trabajo de diseñar proyectos complejos de gestión.

Es importante tener presente el idioma de configuración de Microsoft Excel y Word. Puede ser el inglés o el español. Si hemos utilizado el primero, los nombres de las instrucciones: *objetos*, *propiedades* y *métodos* a utilizar con Visual Basic estarán en inglés, en el segundo caso las encontraremos traducidas al español. De no respetar el tipo de idioma, existirá un conflicto entre aplicaciones y no se podrán comunicar (apareciendo todo tipo de errores).

Normalmente a lo largo del libro aparecerán traducciones de instrucciones, por ejemplo :

Para *Excel*:

Inglés	Español
ActiveCell	CeldaActiva
ChartWizard	AsistenteGráficos
DataSeries	SérieDatos
Chart	Gráfico
Range	Rango

Para *Word*:

Inglés	Español
Insert	Insertar
PageSetup	PrepararPágina
PrevField	CampoAnterior
CopyText	CopiarTexto
MailMergeOpenDataSource	CombinarAbrirFuenteDatos

Además del idioma sólo hay que recordar referenciar la biblioteca de objetos de Microsoft Excel o Word que utilicemos, en el menú *Proyecto* de Visual Basic. De no hacerlo, la aplicación Visual Basic no reconocerá los objetos y propiedades de Excel o Word.

La manera de proceder en una versión u otra de Microsoft Excel o Word sólo depende de la biblioteca que referenciemos. En el caso de *Word 2000* la biblioteca de objetos de esta versión se llama : ***Microsoft Word 9.0 Object Library***.

El número de bibliotecas distintas no esta limitado, pero a mayor número más lenta se vuelve la aplicación. Téngalo en cuenta a la hora de diseñar una aplicación. Éste es el pequeño precio que tenemos de pagar para conseguir una versatilidad tan grande entre Excel, Word y Visual Basic.

Joan Josep Pratdepadua Bufill

Introducción a Visual Basic

1. Conceptos principales
2. Definiciones básicas

CAPÍTULO 1

CONCEPTOS PRINCIPALES

La programación con Visual Basic nos proporciona un método rápido para conseguir crear aplicaciones con interfaz gráfica sencillas.

Así el programador puede diseñar una serie de ventanas y controles en el entorno Windows sin programar una sola línea, que hará mucho más sencilla la comunicación entre usuario y aplicación. A estas ventanas se les llama *formularios*, y sobre ellos trazamos objetos llamados *controles*.

La programación con Visual Basic se conoce con el nombre de programación orientada a objetos, justamente porqué ésta es la diferencia entre Visual Basic y el anterior Basic. Ahora se programa cada control según el suceso que ha ocurrido; antes se programaba todo junto, cada línea debajo de la anterior.

Decimos que ahora el programa se conduce por sucesos, en función del control que escoja el usuario; el programa responderá a este suceso de una manera u otra, dependiendo de como hayamos programado dicho control.

Veamos con un poco de detenimiento qué es un objeto.

OBJETO

Un objeto es una entidad que tiene unas características determinadas, las *propiedades,* y unas formas de operar sobre ellos, los *métodos*. Cada objeto en Visual Basic está definido por una clase (class), que es un tipo de objeto.

Al crear una aplicación, se definen formularios y controles sobre los formularios. Tanto los formularios como los controles son objetos de clases distintas, cada uno con sus propiedades y métodos.

PROPIEDADES, MÉTODOS Y EVENTOS DE LOS OBJETOS

La manera de hacer referencia a una propiedad o método de un objeto es escribiendo:

objeto.propiedad
objeto.método

Para llamar a un evento referido a un objeto:

objeto_evento

Todo lo explicado anteriormente lo podemos aplicar en un ejemplo:

Uno de los controles más utilizados por los programadores son los botones ("CommandButton"); los cuales realizan una determinada función cuando el usuario los aprieta (dependiendo del código escrito).

Así, el objeto "CommandButton" tiene:

Propiedades

Caption, ForeColor, BackColor, etc.

CommandButton.**Caption** = "Texto para el botón". Provoca que encima del botón aparezca dicho texto.

La propiedad **ForeColor** sirve para determinar el color de las letras, y la propiedad **BackColor** para determinar el color del fondo.

Métodos

Drag, Move, SetFocus, etc.

CommandButton.**SetFocus**. Hace que el botón elegido por defecto sea éste. Quiere decir que este botón aparece resaltado con respecto a los demás. La propiedad **Move** permite mover el botón hacia unas nuevas coordenadas; y la propiedad **Drag** permite arrastrar el botón con el ratón.

Eventos

Click, KeyDown, KeyUp, LostFocus, etc.

CommandButton_Click. Ahora el programa respondería al evento de apretar una vez el botón izquierdo del ratón; según el código escrito por el programador. El evento **KeyDown** corresponde a apretar sin soltar el ratón, **KeyUp** corresponde a soltar el ratón, **LostFocus** cuando el cursor deja de señalar al botón.

La intención de este libro no es profundizar en el lenguaje de programación Visual Basic, ya que hay multitud de libros al respecto; la intención es introducir las mínimas ideas para aprender a vincular aplicaciones con Visual Basic.

Para extraer mucha más información de los objetos y sus propiedades, métodos, etc., es aconsejable consultar la ayuda, donde además aparecen multitud de ejemplos.

CAPÍTULO 2

DEFINICIONES BÁSICAS

A continuación daremos algunas definiciones básicas y necesarias para poder realizar las aplicaciones de ejemplo que hay en este libro. Tales como saber colocar un control sobre el formulario, examinar los objetos nuevos que queramos añadir en el formulario, analizar sus propiedades, etc, procedimientos que un programador experimentado domina sin duda alguna.

CONTROLES

Los controles son objetos gráficos que colocamos encima de un formulario para poder establecer un acto de comunicación entre el usuario y la aplicación. Este acto se traduce en una transmisión de datos, del usuario a la aplicación, mediante controles tipo *cajas de texto*, o en dirección contraria entre la aplicación y el usuario a través de controles tipo *etiquetas de texto*. Gobernar los sucesos que responden a cada control supone crear una aplicación.

Al iniciar una nueva aplicación se cargan una serie de controles generales, éstos son:

De izquierda a derecha y de arriba a abajo, tenemos:

- Puntero (*Puntero*) permite seleccionar, desplazar y modificar el tamaño del control.

- Caja de imagen (*PictureBox*) se usa para contener imágenes u otros controles.

- Caja de texto (*TextBox*) permite al usuario introducir datos para comunicarse con la aplicación.

- Marco (*Frame*) sirve para agrupar controles del mismo tipo. Confiere un título y formato propio para el grupo (color, diseño, etc.)

- Botón de pulsación (*CommandButton*) Cuando el usuario pulsa el botón, la aplicación ha de responder a dicho suceso ejecutando alguna orden programada.

- Casilla de verificación (*CheckBox*) permite al usuario seleccionar una opción determinada.

- Botón de opción (*OptionButton*) funciona igual que la casilla de verificación.

- Lista desplegable (*ComboBox*) como en una caja de texto con varias líneas, el usuario puede seleccionar un elemento de la lista o escribir en ella su selección.

- Lista (*ListBox*) permite al usuario seleccionar un elemento de la lista.

- Barra de desplazamiento horizontal (*HScrollBar*) desplaza horizontalmente el contenido del objeto a que hace referencia la barra.

- Barra de desplazamiento vertical (*VScrollBar*) desplaza verticalmente el contenido.

- Temporizador (*Timer*) activa acciones automáticamente en un intervalo de tiempo definido.

- Lista de unidades de disco (*DriveListBox*) en el formulario aparecen las unidades de disco disponibles para poder seleccionar una.

- Lista de directorios (*DirListBox*) visualiza los directorios de la unidad de disco.

- Lista de archivos (*FileListBox*) visualiza los archivos del directorio.

- Figuras (*Shape*) dibuja rectángulos, cuadrados, círculos o elipses sobre el formulario.

- Línea (*Line*) dibuja una línea en el formulario.

- Imagen (*Image*) funciona de forma parecida a un botón (*CommandButton*), pero con la opción de visualizar en él una determinada imagen.

- Datos (*Data*) sirve para abrir una base de datos existente.

- OLE (*OLE*) con el control OLE vincularemos nuestra aplicación con otras existentes.

Situemos un control sobre el formulario. Simplemente seleccionaremos el control que deseamos añadir, por ejemplo una lista desplegable (*ComboBox*), y a continuación lo dibujaremos, con el botón derecho del ratón apretado, encima del formulario. En el momento en que soltemos el botón del ratón, el control quedará fijado según la figura siguiente:

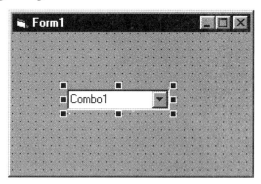

PROPIEDADES

En el primer capítulo se ha visto que cada objeto (control en este caso) contiene un conjunto de propiedades que sirven para modificarlo. Estas propiedades se pueden visualizar rápidamente en forma de lista pulsando la *ventana de propiedades* del menú **Ver**, o bien pulsando directamente la tecla **F4**.

En el caso anterior, al tener seleccionada la lista desplegable, si pulsamos F4 aparecerán las propiedades de este control:

Si hubiéramos añadido más controles en el formulario, visualizaríamos las propiedades de cada control seleccionándolo de la lista desplegable de la *ventana de propiedades*.

Las propiedades de cada control las veremos en la práctica, al desarrollar las distintas aplicaciones de ejemplo.

EXAMINADOR DE OBJETOS

El número de controles disponibles no queda limitado a los que hemos definido anteriormente como controles generales (intrínsecos). La aplicación Visual Basic admite incorporar cualquier nuevo control ActiveX creado por el programador o perteneciente a otras aplicaciones. El número total de controles ActiveX disponibles en su computador aparece listado en la etiqueta *Componentes* del menú *Proyecto*.

La ventana de menú que aparece es similar a:

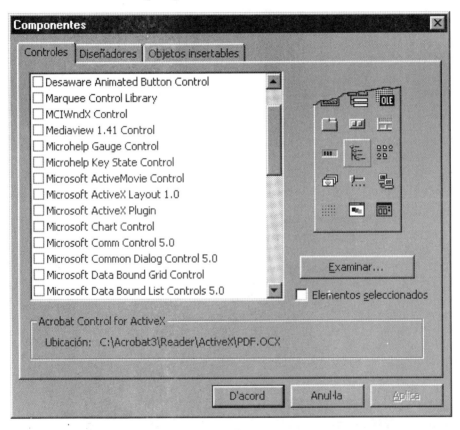

Además de controles ActiveX también se pueden insertar en el formulario distintos objetos ActiveX mediante vínculos OLE. Los objetos disponibles aparecen al pulsar la pestaña *Objetos insertables*.

Para seleccionar los controles u objetos que deseamos añadir al cuadro de herramientas, marcamos su casilla de selección y finalmente pulsamos *Aceptar* (botón izquierdo).

Conoceremos todas las propiedades y métodos de los nuevos objetos y controles que hemos añadido consultando al **Examinador de objetos** del menú *Ver*. En la ventana del *examinador* seleccionamos el control u objeto en la parte superior. En la columna inferior izquierda aparecen todos los objetos del control, y en la columna inferior derecha las propiedades y métodos de cada objeto:

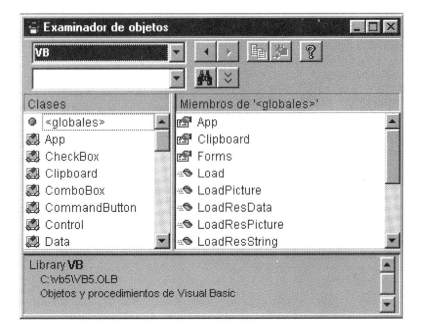

El examinador de objetos nos será de mucha utilidad a la hora de analizar las propiedades de los objetos pertenecientes a las aplicaciones Excel y Word que queremos manipular desde Visual Basic.

REFERENCIAS

Una condición indispensable para poder examinar los objetos de otras aplicaciones es que se puedan consultar sus bibliotecas de objetos. Accedemos a una biblioteca si la aplicación Visual Basic tiene una *referencia* a ella, es decir, conoce la dirección donde se encuentra.

Añadimos una referencia a una nueva biblioteca desde la ventana *Referencias* del menú *Proyecto*.

En la ventana aparecen todas las bibliotecas disponibles, las propias de Visual Basic, las de Microsoft Office (Excel, Word, Access...), del conjunto de utilidades de Windows (como internet Explorer...) y de otras aplicaciones.

La ventana *Referencias* aparece como:

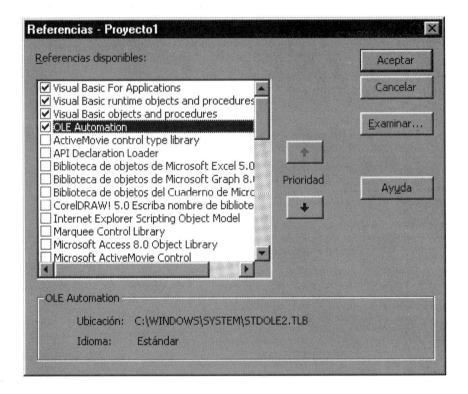

Finalmente hay que recordar que no hay que abusar a la hora de añadir bibliotecas de objetos a discreción, ya que con ello se consigue crear una aplicación cada vez más lenta. El número total de registros es tan grande que tarda más en encontrar la propiedad que busca. Por este motivo, observamos que a la derecha de la ventana hay dos flechas de prioridad. Sirven para ordenar las bibliotecas por orden ascendente de importancia. Al buscar un método, propiedad o objeto empieza en la primera biblioteca, si no lo encuentra prosigue buscando en la siguiente y así sucesivamente hasta llegar a la última.

VENTANA DE CÓDIGO

En este punto aún no hemos introducido ni una línea de código para responder a cualquier suceso provocado por el usuario. Si el usuario pulsa un botón, esperará que la aplicación responda, ejecutando alguna acción. En este caso nosotros tendremos que codificar el evento **Click** del control **CommandButton**.

Si nos situamos encima del formulario y hacemos doble **Click** con el botón izquierdo del ratón, aparecerá la llamada ventana de código. Aquí es el lugar donde hay que escribir el código necesario para responder al evento.

El lector puede probarlo rápidamente y comprobará que la ventana de código es parecida a:

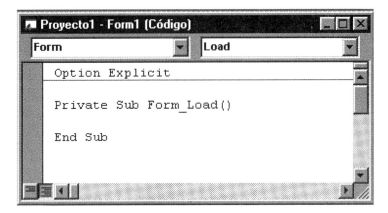

En la lista desplegable superior izquierda aparecen todos los controles dibujados sobre el formulario. En la lista desplegable de la derecha, todos los eventos posibles con el control seleccionado. Para un mismo control (por ejemplo, el formulario **Form**) se pueden programar distintos eventos: el evento cargar (**Load**), o descargar (**Unload**); mover con el ratón (**MouseMove**), etc.

Con ello se consigue una variedad casi infinita de posibilidades para enriquecer el control de la aplicación delante de cualquier suceso. Vemos que sin ningún control encima del formulario podemos programar la aplicación para reaccionar de unas quince formas diferentes. Si multiplicamos este número por cada control que introduzcamos, con pocos controles el número de eventos distintos controlados crece rápidamente. Ésta es la gran riqueza de las aplicaciones Visual.

La opción **Explicit** que figura en la parte superior de la ventana de código impone que tengamos que definir todas las variables que usemos. En Visual Basic no estamos obligados a definir las variables, por defecto se les asigna el tipo **Variant**, ello puede provocar errores si escribimos mal el nombre de la variable. Por ejemplo, si tengo una variable llamada *Variable*, puede ocurrir que en otra parte del programa me refiera a ella escribiendo *Ariable*. En este caso la aplicación Visual Basic no dará error, ya que definirá *Ariable* como otra variable Variant. Este error se evita con la instrucción **Explicit**.

Aplicaciones con Excel

3. Manipulación de Excel
4. Operar con las celdas
5. Propiedades básicas de gráficos y funciones
6. Tratamiento avanzado de gráficos
7. Organizar los datos de una hoja Excel
8. Usar una plantilla de libros de trabajo
9. Creación de vínculos y control de la impresión

CAPÍTULO 3

MANIPULACIÓN DE EXCEL

La gran ventaja que tiene programar con Visual Basic es la manipulación de otras aplicaciones como si fueran parte del mismo programa Visual Basic. Esto es posible gracias al método conocido como *Automatización de OLE* (vinculación e incrustación automática). Un objeto *vinculado* es aquel que se crea en otra aplicación y se vincula a una aplicación de Visual Basic. Cuando se vincula un objeto, se inserta un marcador de posición en la aplicación. A diferencia de un objeto *incrustado*, los datos de un objeto vinculado se almacenan realmente en la aplicación que lo creó y están administrados por dicha aplicación.

Cuando se utiliza un enlace OLE, tanto la vinculación como la incrustación se realizan automáticamente, por lo que resulta mucho más ventajoso al programador, al reducir la cantidad de código. La desventaja es que no todas las aplicaciones aceptan esta automatización OLE; las que se estudiarán en este libro (Excel, Word y Access) sí las aceptan.

Para empezar, crearemos una aplicación simple que nos permita introducir datos en una celda de Excel y calcular el total de la columna.

En el *formulario* **Form1** introduciremos un control **Command1**. Abriremos la ventana de propiedades, y donde pone **Caption** pondremos "Ejecutar Excel". Después dibujaremos otro control en el formulario **Command2** y en la propiedad **Caption** escribiremos "Salir". Finalmente, en la propiedad Caption de Form1 introduciremos el texto "Aplicación Excel":

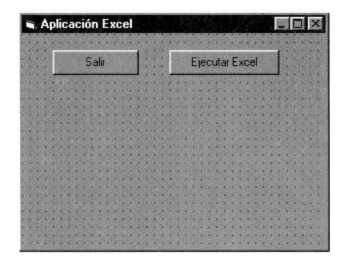

Haciendo doble click sobre el formulario, se abrirá automáticamente la ventana de código y aparecerá un resultado como el siguiente:

Private Sub Command1_Click()

End Sub

Private Sub Command2_Click()

End Sub

Private Sub Form_Load()

End Sub

Ahora tendremos que introducir el código necesario para que se ejecuten los pasos deseados.

Debajo de donde pone Private Sub Command1_Click() escribiremos:

Private Sub Command1_Click()
Dim HojaExcel As Object
Set HojaExcel = CreateObject("Excel.Sheet")
HojaExcel.Application.Visible = True
End Sub

Aquí definimos como un procedimiento privado (*Private*, quiere decir que las variables aquí definidas no son reconocidas por los otros controles del programa).
Cuando el usuario haga click con el ratón encima del botón "Ejecutar Excel" se creará un nuevo objeto "HojaExcel" gracias a la función **CreateObject**, que crea una hoja nueva de Excel. A continuación se hace visible la aplicación con la propiedad **Visible** del objeto **Aplicación** de Excel.

A partir de ahora cada objeto, propiedad etc., de Excel se puede manipular desde Visual Basic poniendo delante la referencia **HojaExcel.**

El siguiente paso será introducir valores en las celdas de la hoja de Excel. Introduciremos 5 valores en la tercera columna, añadiendo el código siguiente:

```
Dim n As Integer
For n = 1 To 5
 HojaExcel.Cells(n, 3).Value = n
Next n
```

El método **Cells** ("celdas") equivale al objeto **Range** que representa una sola celda o una colección de celdas. La propiedad **Value** de una celda devuelve el valor de dicha celda.

El procedimiento anterior sería equivalente escribiendo:

```
Dim n As Integer, par As String
For n = 1 To 5
 par = "C" & n
 HojaExcel.Range(par).Value = n
Next n
```

Para sumar el resultado de toda la columna introduciremos el código:

```
HojaExcel.Cells(7, 3).Value = "=SUM(C1:C5)"
HojaExcel.Cells(7, 3).Font.Bold = True
```

Font es el objeto que controla el formato del carácter, y **Bold** es la propiedad correspondiente a "Negrita".

En Command2 ponemos:

```
Private Sub Command2_Click()
 Set HojaExcel = Nothing
End
End Sub
```

La instrucción **Nothing** hace que la referencia al objeto Excel desaparezca y por tanto se libera el enlace entre Excel y Visual Basic. La instrucción **End** finaliza el programa.

Con estas instrucciones iniciales, hemos empezado a familiarizarnos con el concepto de aplicación. El objeto **Application** representa toda la aplicación *Microsoft Excel* con todos sus objetos, propiedades y métodos correspondientes.

Muchos de estos métodos y propiedades pueden usarse sin necesidad de escribir el objeto Application delante, ya que la aplicación *Visual Basic* lo incorpora por defecto.

Gracias a esta propiedad, no escribimos:

HojaExcel.Application.Cells(7, 3).Font.Bold = True

Si no:

HojaExcel.Cells(7, 3).Font.Bold = True

Nota: *En el caso de que al ejecutar la aplicación aparezca un error, es muy probable que se necesite ir escribiendo Application entre HojaExcel y Cells.*

LIBROS Y HOJAS DE TRABAJO DE MICROSOFT EXCEL

Una aplicación Microsoft Excel se estructura a partir de libros de trabajo con sus respectivas hojas. En una misma aplicación podemos trabajar con varios libros abiertos, con el fin de utilizar datos de todos ellos. Más adelante nos ocuparemos del enlace entre libros, ya sea dentro de un mismo servidor o a través de Internet. Ahora introduciremos los nombres de los objetos que controlan los grupos de libros, hojas y sus propiedades más importantes.

Libros de trabajo:

La propiedad **Workbooks** del objeto Application devuelve todos los libros abiertos hasta el momento dentro de *Microsoft Excel*.

Si en el ejemplo anterior hubiéramos querido añadir otro libro de trabajo, sólo con usar el método **Add** de la propiedad **Workbooks** lo habríamos conseguido:

HojaExcel.Application.Workbooks.**Add**

El resultado de aplicar esta instrucción es un nuevo libro de trabajo llamado por defecto *Libro2,* que contiene tres hojas en blanco:

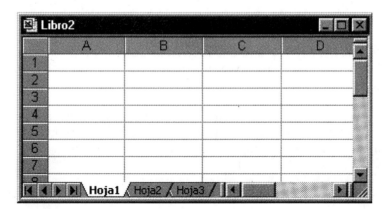

El método **Add** permite, además, añadir un tipo especial de libro de trabajo usando el argumento **Template**: Add (Template). Si en su lugar escribimos la constante **xlWBATChart** añadiremos un nuevo libro con una única hoja predefinida para representar un gráfico.

HojaExcel.Application.Workbooks.**Add(xlWBATChart)**

Aparece un libro parecido a:

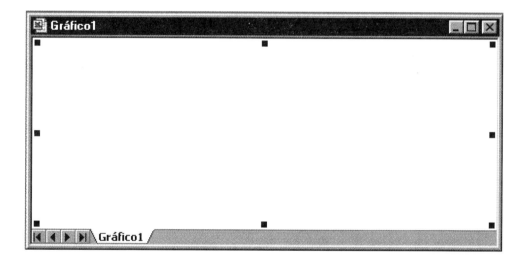

Finalmente, si sólo queremos un libro sencillo con una única hoja de trabajo utilizaremos la constante **xlWBATWorksheet**:

HojaExcel.Application.Workbooks.**Add(xlWBATWorksheet)**

Obtendremos como resultado:

Si el conjunto de libros abiertos está controlado por el objeto **Workbooks**, las propiedades y métodos de cada libro están contenidas dentro del objeto **Workbook**.

Una vez abierto un libro (**ActiveWorkbook**) nos puede interesar añadir una hoja más a las ya existentes. Utilizaremos el método **Add** del grupo de objetos **Sheets** (hojas) activas:

HojaExcel.Application.**ActiveWorkbook.Sheets.Add**

Aunque iremos introduciendo las propiedades relacionadas con Internet en cada capítulo, para empezar, podemos crear un hipervínculo entre nuestro libro activo con la carpeta de favoritos usando el método **AddToFavorites**:

HojaExcel.Application.Workbooks.Add
HojaExcel.Application. ActiveWorkbook.**SaveAs** "LibroPrácticas"
HojaExcel.Application.ActiveWorkbook.**AddToFavorites**

Para evitar que la aplicación provoque un error en tiempo de ejecución, debemos guardar primero nuestro nuevo libro, al que llamo *LibroPrácticas* usando el método **SaveAs** del objeto ActiveWorkbook. Si no especificamos la ruta en la que deseamos guardar el libro, éste se guardará en el directorio actual.

Si queremos proteger nuestro libro con una contraseña utilizaremos el argumento **Password** (con 15 caracteres como máximo):

HojaExcel.Application. ActiveWorkbook.**SaveAs** Filename:="LibroPrácticas", _
Password:="Código"

También podemos elegir el formato con el que se guardará el libro de trabajo. La propiedad **FileFormat** puede tomar, entre otros, los valores:

xlExcel2 , xlExcel2FarEast, xlExcel3, xlExcel4, xlExcel4Workbook, xlExcel5, xlExcel7, xlExcel9795, xlHTML

Guardaremos nuestro libro como una página Web cambiando la línea de código anterior por la siguiente:

HojaExcel.Application. ActiveWorkbook.**SaveAs** Filename:="LibroPrácticas", _
FileFormat:= **xlHTML**

Si deseamos abrir un libro existente, únicamente tendremos que introducir la ruta de acceso. Supongamos que tenemos el libro: "Tabla.xls"; en la ruta: "c\libros\Tabla.xls ". Usando el método **Open** :

HojaExcel.Application.Workbooks.**Open** "c\libros\Tabla.xls "

Para cerrar todos los libros abiertos usaremos el método **Close**:

HojaExcel.Application.Workbooks.**Close**

Hojas de trabajo

Todas las hojas de un libro de Microsoft Excel se controlan a través del objeto de conjunto **WorkSheets**, que a la vez contiene cada objeto **WorkSheet** que representa una hoja de cálculo.

Usando el método **Add** del objeto **WorkSheets** podemos controlar la cantidad de hojas que deseamos añadir a nuestro libro. Si las queremos situar delante o detrás de las hojas actuales, así como el tipo de hoja (normal o para macro):

HojaExcel.WorkSheets.**Add**(Before, After, Count, Type)

Por ejemplo, podemos agregar dos nuevas hojas antes de las disponibles en el libro de trabajo sólo con escribir:

HojaExcel.Worksheets.Add Count:=2, before:=HojaExcel.Application.Sheets(1)

Cambiar el nombre de la primera hoja es fácil utilizando la propiedad **Name**:

HojaExcel.WorkSheets(1).Name=" Primera Hoja"

y protegerla con una contraseña, también, mediante la propiedad **Protect**:

HojaExcel.WorkSheets(1).Protect password:="Contraseña"

Muchas veces no será necesario escribir el conjunto de objetos **WorkSheets** a la hora de introducir datos en las celdas de una hoja de cálculo. Escribiendo directamente la propiedad **Cells**, la aplicación Visual Basic le asignará automáticamente dicho objeto.

En vez de:

HojaExcel.Worksheets(1).Cells(1, 2).Value = 25

escribiremos directamente:

HojaExcel.Cells(1, 2).Value = 25

Finalmente, para abandonar la aplicación *Microsoft Excel* desde *Visual Basic*, utilizaremos el método **Quit**:

```
Private Sub Command2_Click()
   HojaExcel.Application.Quit
   Set HojaExcel = Nothing
   End
End Sub
```

Efecto 2000 en Microsoft Excel

El problema que puede aparecer en *Excel* a la hora de interpretar las fechas se puede evitar, preparando la aplicación para trabajar con los cuatro dígitos en vez de dos como es habitual.

Microsoft *Excel* está programado para interpretar las fechas ambiguas. Por defecto, si el usuario sólo especifica mes y dos dígitos, *Excel* entenderá que si la cifra está comprendida entre 1 y 31 corresponderá al día en el año actual. Si la cifra es mayor de 31 ésta corresponderá al año del siglo XX en el día 1.

Por ejemplo:

- Enero 12 *Excel* lo interpreta como el 12 de enero del año actual, y no como enero del 2012.

- Enero 42 *Excel* pensará que es el 1 de enero de 1942.

A los años que expresemos con dos dígitos, si están comprendidos entre 00 y 29, les corresponderán los valores del 2000 al 2029. Así el 15/01/28 es equivalente al 15 de enero del 2028.

Si van del 30 al 99 los tratará como del 1930 al 1999. El 15/01/31 será e15 de enero de 1931.

Para solucionar este problema, o bien trabajamos con cuatro dígitos o bien modificamos la manera de interpretar las fechas de *Excel*.

Cambiaremos el formato a cuatro dígitos de toda la aplicación Windows, desde el menú Inicio → Configuración → Panel de Control.

En la ventana que aparecerá seleccionaremos con un doble Clic Configuración Regional (para Windows 95 y 98) u Opciones Regionales (para Windows 2000). En la pestaña Fecha activar en Fecha corta el formato "aaaa".

A partir de este momento, en cualquier aplicación Windows la fecha aparecerá con cuatro dígitos por defecto.

La manera de cambiar la interpretación de los años con dos dígitos es muy parecida a la anterior, pero sólo la podremos realizar si tenemos instalado Windows 98 o 2000, o bien si trabajamos en red con un administrador de sistemas.

Menú Inicio → Configuración → Panel de Control → Configuración Regional u Opciones Regionales (Windows 2000) → Fecha → Cuando se escribe un año de dos dígitos interpretar como año entre. Es en este punto donde usted debe decidir cómo quiere que se interpreten los años. Al cambiar el límite superior se modifica también automáticamente el límite inferior.

CAPÍTULO 4

OPERAR CON CELDAS

LLENADO DE CELDAS MEDIANTE SERIES

También podríamos haber llenado las celdas mediante la instrucción "Llenar Series" de Excel; donde podemos seleccionar distintos tipos de serie: Lineal, Geométrica, Cronológica, etc.

El método **SerieDatos** se aplica al objeto **Range** o al objeto **Aplicación**.

objeto.**SerieDatos**(filaColumna; tipo; fecha; incremento; límite; tendencia)

Los parámetros del método son opcionales, y corresponden a:

• **filaColumna**:

Opcional. Puede ser xlFilas o xlColumnas para introducir la serie de datos en filas o columnas, respectivamente. Si se omite, se usa el tamaño y forma del rango.

• **tipo**:

Opcional. Puede ser cualquiera de los siguientes xlLineal, xlGeométrica, xlFecha o xlLlenar. Si se omite, es xlLineal.

• **fecha**:

Opcional. Si el argumento tipo es xlCronológica, indica la unidad de incremento de fecha, puede ser cualquiera de las siguientes xlDía, xlDíaLaborable, xlMes o xlAño. Si se omite, es xlDía.

- **incremento**:

    Opcional. El valor de incremento de la serie. Si se omite, se asume que vale 1.

- **límite**:

    Opcional. El valor límite de la serie. Si se omite, el método llena la serie hasta el final del rango.

- **tendencia**:

    Opcional. Si es *verdadero*, el método crea una tendencia lineal o geométrica. Si es Falso o si se omite, el método crea una serie de datos estándar.

    En función de la versión que tengamos de Excel puede que este método lo tengamos que traducir al inglés como **DataSeries**.

    Un ejemplo de esta aplicación podría ser el siguiente, donde llenaremos las celdas con series lineales, geométricas y cronológicas.

```
Option Explicit     ' Instrucción para obligar a definir todas las variables
Public HojaExcel As Object

Private Sub Command1_Click()
 Dim a
  Set HojaExcel = CreateObject("excel.sheet")
  HojaExcel.Application.Visible = True

  HojaExcel.Application.Range("B1").Value = "P.Aritmética"    ' Título de la columna
  HojaExcel.Application.Range("B2").Select
  HojaExcel.Application.ActiveCell.FormulaR1C1 = "12"
  HojaExcel.Application.Range("B2:B14").Select
  HojaExcel.Application.Selection.DataSeries , xlLinear

  HojaExcel.Application.Range("C1"). Value = "P.Geométrica"
  HojaExcel.Application.Cells(2, 3).Value = 2
  HojaExcel.Application.Range("C2:C14").Select
  HojaExcel.Application.Selection.DataSeries , xlGrowth, , 2

  HojaExcel.Application.Range("D1"). Value = "P.Cronológica"
  HojaExcel.Application.Cells(2, 4).NumberFormat = "dd/mm/yy"
  HojaExcel.Application.Cells(2, 4).Formula = "3/12/99"
  HojaExcel.Application.Range("D2:D14").Select
  HojaExcel.Application.Selection.DataSeries , xlChronological, xlMonth
End Sub
```

```
Private Sub Command2_Click()
Set HojaExcel = Nothing
End
End Sub
```

El resultado final tiene que ser parecido a:

	A	B	C	D
1		P.Aritmética	P.Geométrica	P.Cronológica
2		12	2	12/03/99
3		13	4	12/04/99
4		14	8	12/05/99
5		15	16	12/06/99
6		16	32	12/07/99
7		17	64	12/08/99
8		18	128	12/09/99
9		19	256	12/10/99
10		20	512	12/11/99
11		21	1024	12/12/99
12		22	2048	12/01/00
13		23	4096	12/02/00
14		24	8192	12/03/00

Suponiendo que ya se hayan introducido dos controles "Botón" en formulario con los nombres Command1 y Command2 (exactamente igual que en la primera aplicación); entonces sólo quedará introducir estas líneas de código para que la aplicación abra automáticamente una hoja de Excel e introduzca en la segunda columna una *serie lineal* que empiece por el 12 y tenga un incremento de 1.

Llene la tercera columna con una *serie geométrica* que empiece por el 2 y tenga una razón de 2. La cuarta columna llénela con una *serie cronológica* donde el incremento se produzca en los meses.

El método **Select** permite seleccionar determinados objetos que quedan marcados por la aplicación.

La propiedad **ActiveCell** hace referencia a la celda activada y la propiedad **FormulaR1C1** devuelve o establece la fórmula para el objeto utilizando notación estilo R1C1 en lenguaje de la macro de Excel.

Las constantes **xl** más utilizadas son:

En Ingles	En español	Significado
XlLinear	xlLineal	Progresión lineal
XlGrowth	xlGeométrica	Progresión geométrica
XlMonth	xlMes	Selecciona meses
XlYear	xlAño	Selecciona años
XlDay	xlDia	Selecciona días
xlChronological	xlCronológica	Progresión cronológica

MANIPULACIÓN DE LAS PROPIEDADES DE LAS CELDAS

En este apartado veremos algunas de las propiedades más usuales que se pueden manipular desde Visual Basic, para determinar el formato de las celdas.

Aplicando un ejemplo similar a los anteriores, el lector puede comenzar una nueva aplicación, donde en el nuevo formulario introducirá dos botones (uno para ejecutar Excel -Command1-; y otro para salir -Command2-).

En esta nueva aplicación veremos cómo se modifica el color de fondo de una celda, el tipo de letra, el borde, etc.

Teclee este código en la ventana de código del formulario:

```
Option Explicit
Public HojaExcel As Object

Private Sub Command1_Click()
    Set HojaExcel = CreateObject("Excel.sheet")
    HojaExcel.Application.Visible = True
    HojaExcel.Application.ActiveCell.FormulaR1C1 = "12345"
    HojaExcel.Application.Selection.NumberFormat = "#,##"
    With HojaExcel.Application.Selection.Interior     ' Interior de las celdas
        .ColorIndex = 4                                ' Índice de color = Verde
        .Pattern = xlSolid                             ' Color Sólido
    End With

    ' Colocamos un texto en el centro de la celda
    HojaExcel.Application.Range("A3").Value = "Texto"
    HojaExcel.Application.Range("A3").Select
    With HojaExcel.Application.Selection
        .HorizontalAlignment = xlCenter
        .Orientation = xlHorizontal
    End With
    HojaExcel.Application.Selection.Font.ColorIndex = 43
    With HojaExcel.Application.Selection.Font
        .Name = "Zurich UBlkEx BT"                    ' tipo de letra
```

```
        .FontStyle = "Ultra Black"        ' estilo de letra
        .Size = 10                        ' tamaño de letra
        .Strikethrough = False            ' letra tachada
        .Superscript = False              ' superíndice
        .Subscript = False                ' subíndice
        .OutlineFont = False              ' contorno de la letra
        .Shadow = False                   ' sombra
        .Underline = xlNone               ' subrayado
        .ColorIndex = 43                  ' Índice de color
    End With

End Sub

Private Sub Command2_Click()
    Set HojaExcel = Nothing
    End
End Sub
```

La propiedad **NumberFormat** establece el tipo de formato que adquirirán los valores en la celda. El símbolo # representa un dígito cualquiera, excepto los ceros no significativos. El símbolo 0 representa cualquier dígito; el punto indica la posición decimal y la coma la de los miles.

El objeto **Interior** sirve para determinar las propiedades dentro de una celda. La propiedad **ColorIndex** determina el color de fondo en función del valor de paleta que pongamos (en nuestro caso el 4 equivale al verde). La propiedad **Pattern** establece el diseño dentro de una celda; puede ser un color uniforme (xlSolid), o con tonos de gris, a cuadros, etc. Una propiedad nueva para *Microsoft Excel 2000* es **InvertIfNegative,** que modifica el diseño de la celda cuando a ésta le corresponde un valor negativo.

> Para ver más propiedades de cada objeto, ir al menú **Proyecto** de Visual Basic 6.0 y seleccionar **Referencias**, luego escoger *Biblioteca de Excel* (9.0, u otra). Después de realizar estos pasos ir al *Examinador de Objetos* de Visual Basic en el menú **Ver** y escoger Excel de la lista. Ahora ya se puede acceder a la información de cada objeto, seleccionándolo y apretando **F1**.

La propiedad **HorizontalAlignment** determina la orientación horizontal del texto; para nuestro ejemplo pedimos que esté centrado (**xlCenter**). La propiedad **Orientation** establece la orientación del texto, que puede ser vertical, horizontal, automática, etc., elegimos horizontal (**xlHorizontal**).

El objeto **Font** (fuente o letra) controla las propiedades de escritura dentro de una celda (tamaño, tipo de letra, color, etc.) que están descritas en el mismo código.

La aplicación *Microsoft Excel* premite controlar una parte del texto contenido en una celda. Con el objeto **Characters** definimos cuál es la parte del texto que deseamos modificar.

HojaExcel.Application.Range("A1").**Characters**(Start, Lengh)

El argumento **Start** (principio) establece en qué carácter empieza la selección. Si lo omitimos empezará por el primero. El argumento **Lengh** establece el número de caracteres a devolver a partir del principio.

Por ejemplo, si queremos que en la palabra "Texto" de una celda aparezcan los dos últimos caracteres en negrita, escribiremos:

```
With HojaExcel.Application.Range("A1")
   .Value = "Texto"
   .Characters(4, 2).Font.Bold = True
End With
```

El resultado será parecido a:

CAPÍTULO 5

PROPIEDADES BÁSICAS DE GRÁFICOS Y FUNCIONES

GENERAR GRÁFICOS DENTRO DE UNA HOJA DE EXCEL

Ya hemos visto cómo se manipulan las celdas, tanto para introducir datos como para modificar su formato (colores, tipos de letra, etc.). Una propiedad muy importante que ayuda a entender mejor unas determinadas tablas de números, son los gráficos. Microsoft Excel tiene una gama bastante extensa de gráficos distintos, que nos permiten reflejar de una forma simple cualquier balance o evolución de un determinado producto.

Como en los ejercicios anteriores, abra una nueva aplicación, y en el formulario añada dos botones (Command1 y Command2).

Haga doble click sobre el formulario y aparecerá la ventana de código. Debajo de la opción **Explicit** defina la variable objeto HojaExcel como pública para que pueda usarse en cualquier comando de la aplicación. De no hacerlo así, instantes después de hacer clik sobre Command1 el objeto HojaExcel quedaría sin definición y por tanto se cerraría la hoja de cálculo.

```
Option Explicit
Public HojaExcel As Object
```

Debajo del evento Command1_Click() creamos una nueva hoja de Excel y invocamos el procedimiento para que se abra la aplicación.

```
Private Sub Command1_Click()
Set HojaExcel = CreateObject("Excel.Sheet")
HojaExcel.Application.Visible = True
```

A continuación llenamos la primera columna de la hoja de cálculo (las 14 primeras filas) con una serie geométrica que empieza en el 2 y tiene una razón de 2.

' *Primera columna Serie Geométrica*
HojaExcel.Application.Range("A1").Value = 2
HojaExcel.Application.Range("A1:A14").Select
HojaExcel.Application.Selection.DataSeries , xlGrowth, , 2

Después llenamos la segunda columna de la hoja de Excel con una serie lineal que empieza en el 111 y tiene una razón (o incremento) de 56.

' *Segunda columna Serie Lineal*
HojaExcel.Application.Range("B1").Value = 111
HojaExcel.Application.Range("B1:B14").Select
HojaExcel.Application.Selection.DataSeries , xlLinear, , 56

Llegado este punto, generaremos un gráfico con estas dos columnas.

Asistente de gráficos

Seleccionamos todas las celdas que hemos llenado (A1 hasta B14); y añadimos un nuevo gráfico en la ventana activa **ActiveSheet** con el método **Add** (añadir). Invalidamos el comando de cortar y copiar **CutCopyMode** y, con la ayuda del asistente de gráficos **ChartWizard,** especificamos cómo tiene que ser nuestro gráfico.

AsistenteGráficos fuenteDatos, galería, formato, trazarPor, rótulosAbscisas, rótulosSeries, tieneLeyenda, título, títuloAbscisas, títuloOrdenadas, títuloAdicional

Cada propiedad del asistente va separada por comas.

• **fuenteDatos**:

Especifica de dónde obtiene los datos, un rango que contiene la fuente de datos del gráfico. Si se omite este argumento, Microsoft Excel usará la selección actual.

• **galería**:

Especifica el tipo de gráfico (uno de xlÁrea, xlBarra, xlColumna, xlLínea, xlCircular, xlRadar, xlDispersiónXY, xlCombinado, xlÁreas3D, xlBarras3D, xlColumnas3D, xlLíneas3D, xlCircular3D, xlSuperficie3D o xlAnillo).

- **formato**:

Especifica el número de opción de los autoformatos incorporados. Puede ser un número del 1 al 10, dependiendo del tipo de la galería. Si se omite este argumento, Microsoft Excel elegirá un valor predeterminado basándose en el tipo de la galería y en la fuente de datos.

- **trazarPor**:

Especifica si los datos de cada serie se ubican en filas o en columnas (tanto xlFilas como xlColumnas).

- **rótulosAbscisas**:

Un número entero que especifica el número de filas o de columnas dentro del rango de origen que contiene rótulos de abscisas. Los valores legales van desde cero hasta el número máximo de las abscisas o series correspondientes menos uno.

- **rótulosSeries**:

Un número entero que especifica el número de filas o de columnas dentro del rango de origen que contiene rótulos de series. Los valores legales van desde cero hasta uno menos el número máximo de las abscisas o series correspondientes.

- **tieneLeyenda**:

Verdadero (True) si se incluye una leyenda.

- **título**:

El texto del título del gráfico.

- **títuloAbscisa**:

El texto del título del eje de abscisas (x).

- **títuloOrdenada**:

El texto del título del eje de ordenadas (y).

- **títuloAdicional**:

El texto del título del eje de series (z) en gráficos tridimensionales. Es el segundo valor de título de eje en gráficos de dos dimensiones.

```
' Generamos el gráfico
HojaExcel.Application.Range("A1:B14").Select
HojaExcel.Application.ActiveSheet.ChartObjects.Add(141, 42, 236, 175).Select
HojaExcel.Application.CutCopyMode = False
HojaExcel.Application.ActiveChart.ChartWizard HojaExcel.Application.Range("A1:B14"), _
    xlColumn, 6, , 1, 1, 1, "Titulo del Gráfico", "Eje X", "Eje Y"
```

Una vez definido el gráfico podemos cambiar su apariencia siempre que queramos, sólo con operar sobre su propiedad Tipo (**Type**) y poner el tipo de galería (gráfico) que deseamos.

```
' Cambiamos el tipo de gráfico
HojaExcel.Application.ActiveSheet.ChartObjects("Gráfico 1").Activate
HojaExcel.Application.ActiveChart.Type = xl3DColumn
```

En las líneas de código siguientes, variamos la profundidad del gráfico para que resalte más. Además, hacemos que se active la presentación preliminar (**PrintPreview**) para observar mejor el gráfico.

```
HojaExcel.Application.ActiveChart.DepthPercent = 520
HojaExcel.Application.ActiveChart.PrintPreview
```

La última línea anterior la podríamos haber cambiado por una que tuviera la propiedad **PrintOut** (CópiaImpresa), que me permite activar o no la presentación preliminar además de imprimir al gráfico. Los parámetros de esta propiedad son:

PrintOut de la página, a la página, número copias, presentación preliminar

```
HojaExcel.Application.ActiveChart.PrintOut 1, 1, 1, True
End Sub

Private Sub Command2_Click()
 Set HojaExcel = Nothing
 End
End Sub
```

Como resultado final habremos generado el gráfico que se muestra en la página siguiente.

El asistente para gráficos nos facilita la tarea en el momento de diseñarlo, pero a la vez nos limita bastante cuando queremos modificar alguna característica particular. En este momento es preferible trabajar directamente con las propiedades del objeto gráfico **Chart**.

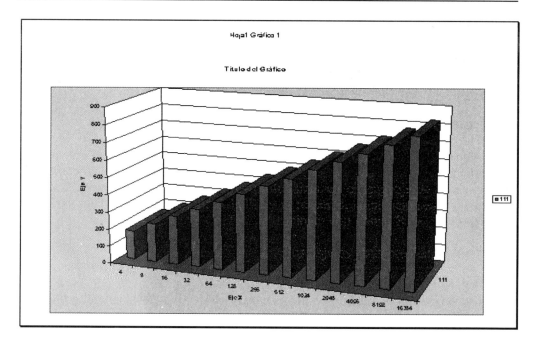

Definiremos las propiedades más importantes y a continuación las aplicaremos en un ejemplo.

• **GapDepth** (ProfundidadIntervalo):

Establece la profundidad del intervalo de una serie de datos. El valor está referido al porcentaje de profundidad y varía entre 0 y 500. Si el valor es 0 significa que no hay profundidad del intervalo y por lo tanto éste limita con el gráfico. A medida que aumentamos el porcentaje, podemos comprobar cómo el intervalo se va alejando hacia el interior.

• **DepthPercent** (ProfundidadGráfico):

Establece la profundidad del gráfico. Los valores varían entre 20 y 2000. En un gráfico en 3D podemos comprobar cómo al aumentar los valores de porcentaje, cada vez el gráfico adquiere más profundidad.

• **Elevation** (Elevación):

La elevación del gráfico es la altura en grados desde la cual se observa el gráfico. El valor predeterminado es de 15 grados para la mayoría de los gráficos. El valor de esta propiedad debe estar comprendido entre -90 y 90, excepto para los gráficos de barras tridimensionales, donde debe estar comprendido entre 0 y 44.

- **Perspective** (Perspectiva):

    Establece la perspectiva de la vista del gráfico tridimensional. Debe estar comprendido entre 0 y 100. Esta propiedad es ignorada si la propiedad *EjeÁnguloDerecho* (**RightAngleAxes**) es *verdadera*.

- **Rotation** (Giro):

    Establece el giro de la vista del gráfico tridimensional (el giro del área de trazado alrededor del *eje z*, en grados). El valor de esta propiedad debe estar comprendido entre 0 y 360, excepto para gráficos de barras tridimensionales, donde el valor debe estar comprendido entre 0 y 44. El valor predeterminado es 20. Se aplica sólo a gráficos tridimensionales.

- **RightAngleAxes** (EjeÁnguloDerecho):

    Cuando el valor de esta propiedad es *verdadero* quiere decir que los ejes del gráfico están en ángulo recto, son independientes del giro o elevación del gráfico. Se aplica sólo a gráficos tridimensionales de líneas, de columnas y de barras.

- **AutoScaling** (EscalaAutomática):

    Si es *verdadero*, Microsoft Excel redimensiona un gráfico tridimensional de manera que éste sea de un tamaño aproximado al gráfico 2D equivalente. La propiedad *EjeÁnguloDerecho* debe ser *verdadera*.

    Las propiedades que hemos descrito hasta ahora son las que corresponden a la ventana de *Microsoft Excel* "Vista en 3D". Nosotros las podemos modificar fácilmente desde *Visual Basic*. En la aplicación *Excel* aparecen así:

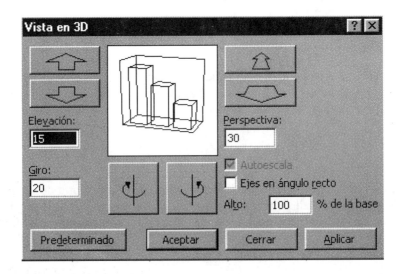

Tipo de gráfico

• **ChartType** (Tipo de Gráfico):

Además de la propiedad Type del objeto de conjunto ChartGroups, también podemos establecer el tipo de gráfico a través de esta propiedad ChartType. A cada gráfico le corresponde una constante del tipo **XlChartType** que se lista a continuación. Puede observarse la gran variedad de gráficos disponibles:

Tipo de gráfico	Descripción	Constante
Columna	Columna agrupada	**xlColumnClustered**
	Columna 3D agrupada	**xl3DColumnClustered**
	Columna apilada	**xlColumnStacked**
	Columna 3D apilada	**xl3DColumnStacked**
	Columna 100% apilada	**xlColumnStacked100**
	Columna 3D 100% apilada	**xl3DColumnStacked100**
	Columna 3D	**xl3DColumn**
Barra	Barra agrupada	**xlBarClustered**
	Barra 3D agrupada	**xl3DBarClustered**
	Barra apilada	**xlBarStacked**
	Barra 3D apilada	**xl3DBarStacked**
	Barra 100% apilada	**xlBarStacked100**
	Barra 3D 100% apilada	**xl3DBarStacked100**
Línea	Línea	**XlLine**
	Línea con marcadores	**xlLineMarkers**
	Línea apilada	**xlLineStacked**
	Línea apilada con marcadores	**xlLineMarkersStacked**
	Línea 100% apilada	**xlLineStacked100**
	Línea 100% apilada con marcadores	**xlLineMarkersStacked100**

	Líneas 3D	**xl3DLine**
Circular	Circular	**XlPie**
	Circular seccionado	**xlPieExploded**
	Circular 3D	**xl3Dpie**
	Circular seccionado 3D	**xl3DPieExploded**
	Circular con subgráfico circular	**xlPieOfPie**
	Circular con subgráfico de barras	**xlBarOfPie**
XY	Dispersión	**xlXYScatter**
	Dispersión con líneas optimizadas	**xlXYScatterSmooth**
	Dispersión con líneas optimizadas y sin marcadores de datos	**xlXYScatterSmoothNoMarkers**
	Dispersión con líneas	**xlXYScatterLines**
	Dispersión con líneas y sin marcadores de datos	**xlXYScatterLinesNoMarkers**
Burbujas	Burbujas	**xlBubble**
	Burbujas con efecto 3D	**xlBubble3DEffect**
Área	Área	**xlArea**
	Área 3D	**xl3DArea**
	Área apilada	**xlAreaStacked**
	Área 3D apilada	**xl3DAreaStacked**
	Área 100% apilada	**xlAreaStacked100**
	Área 3D 100% apilada	**xl3DAreaStacked100**
Anillos	Anillos	**xlDoughnut**
	Anillos seccionado	**xlDoughnutExploded**
Radial	Radial	**xlRadar**

	Radial con marcadores de datos	**xlRadarMarkers**
	Radial relleno	**xlRadarFilled**
Superficie	Superficie 3D	**xlSurface**
	Superficie (vista superior)	**xlSurfaceTopView**
	Superficie 3D (trama)	**xlSurfaceWireframe**
	Superficie (vista superior de la trama)	**xlSurfaceTopViewWireframe**
Cotizaciones de bolsa	Máximos, mínimos, cierre	**xlStockHLC**
	Volumen, máximos, mínimos	**xlStockVHLC**
	Apertura, máximos, mínimos, cierre	**xlStockOHLC**
	Volumen, apertura, máximo, mínimo, cierre	**xlStockVOHLC**
Cilindro	Columna cilíndrica agrupada	**xlCylinderColClustered**
	Barra cilíndrica agrupada	**xlCylinderBarClustered**
	Columna cilíndrica apilada	**xlCylinderColStacked**
	Barra cilíndrica apilada	**xlCylinderBarStacked**
	Columna cilíndrica 100% apilada	**xlCylinderColStacked100**
	Barra cilíndrica 100% apilada	**xlCylinderBarStacked100**
	Columna cilíndrica 3D	**xlCylinderCol**
Cónica	Columna cónica agrupada	**xlConeColClustered**
	Barra cónica agrupada	**xlConeBarClustered**
	Columna cónica apilada	**xlConeColStacked**
	Barra cónica apilada	**xlConeBarStacked**
	Columna cónica 100% apilada	**xlConeColStacked100**
	Barra cónica 100% apilada	**xlConeBarStacked100**

	Columna cónica 3D	**xlConeCol**
Piramidal	Columna piramidal agrupada	**xlPyramidColClustered**
	Barra piramidal agrupada	**xlPyramidBarClustered**
	Columna piramidal apilada	**xlPyramidColStacked**
	Barra piramidal apilada	**xlPyramidBarStacked**
	Columna piramidal 100% apilada	**xlPyramidColStacked100**
	Barra piramidal 100% apilada	**xlPyramidBarStacked100**
	Columna piramidal 3D	**xlPyramidCol**

Si queremos un gráfico de columna piramidal escribiremos la línea de código:

HojaExcel.Worksheets(1).ChartObjects(1).Chart.**ChartType** = **xlPyramidCol**

- **Shapes** (Formas):

Gracias a esta propiedad podremos introducir una gran variedad de formas, ya sean líneas (con el método AddLine) o autoformas con el método AddShape.

En el segundo caso, escribiríamos la siguiente línea de código para representar una autoforma del tipo MsoAutoShapeType situada en la esquina superior izquierda, con anchura y altura dadas.

HojaExcel.Worksheets(1).ChartObjects(1).Chart.Shapes.**AddShape**_
MsoAutoShapeType, Izquierda, superior, ancho, alto

A continuación se listan *algunas* de las constantes tipo forma:

msoShape16pointStar, msoShape24pointStar, msoShape8pointStar, msoShapeArc, msoShapeBalloon, msoShapeBentArrow, msoShapeBentUpArrow, msoShapeBevel, msoShapeCan, msoShapeChevron, msoShapeCircularArrow, msoShapeCloudCallout, msoShapeCross, msoShapeCube, msoShapeCurvedDownArrow, msoShapeCurvedDownRibbon, msoShapeCurvedLeftArrow, msoShapeCurvedRightArrow, msoShapeCurvedUpArrow, msoShapeCurvedUpRibbon, msoShapeDiamond , msoShapeDonut, msoShapeDoubleBrace, msoShapeDoubleBracket,msoShapeFlowchartSequentialAccessStorage, msoShapeFlowchartTerminator, msoShapeFoldedCorner, msoShapeHeart, msoShapeHexagon, msoShapeHorizontalScroll, msoShapeIsoscelesTriangle, msoShapeLeftRightArrowCallout, msoShapeLeftRightUpArrow, msoShapeLeftUpArrow, msoShapeLightningBolt, msoShapeMoon, msoShapeNoSymbol, msoShapeNotchedRightArrow, msoShapeNotPrimitive, msoShapeOval, msoShapePentagon, msoShapeRectangle, msoShapeSmileyFace.

- **ChartTitle** (Titulo del Gráfico):

    Establece el título del gráfico, en caso de que esté habilitado por la propiedad **HasTitle** (TieneTítulo). En caso contrario se produciría un error.

    HojaExcel.Worksheets(1).ChartObjects(1).Chart.**ChartTitle** = "Título del Gráfico"

- **PlotBy** (Dibujado por):

    Con esta propiedad elegimos si los datos para representar en el gráfico los tomamos por columnas o por filas (**xlColumns** o **xlRows**).

- **BarShape** (Gráfico de Barras):

    Si sólo trabajamos con gráficos de columnas o de barras, cambiaremos su formato mediante esta propiedad. Los transformaremos en: **xlBox** (Barras), **xlConeToMax** (Conos acumulados), **xlConeToPoint** (conos comparados), **xlCylinder** (Cilindros), **xlPyramidToMax** (pirámides acumuladas) o **xlPyramidToPoint** (pirámides comparadas).

- **HasLegend** (Tiene leyenda):

    Verdadero si la queremos introducir en el gráfico, o falso en caso contrario.

- **Legend** (Leyenda):

    Nombre de la serie de datos (leyenda).

- **Fill** (Llenar):

    Nos permite llenar el fondo de distintos objetos, como el área de un gráfico (ChartArea), el título del gráfico (ChartTitle), las paredes de las columnas o barras (Walls). El llenado puede hacerse utilizando un solo color (ForeColor), un gradiente de color (**OneColorGradient**) o una textura especial (**PresetTextured**).

    El método **OneColorGradient** viene definido por tres argumentos:

    OneColorGradient (GradientStyle, Variant, Degree)

    El estilo de gradiente (GradientStyle) especifica el tipo de degradado que queremos. Puede ser cualquiera de los siguientes estilos:

msoGradientDiagonalDown, msoGradientDiagonalUp, msoGradientFromCenter, msoGradientFromCorner, msoGradient_
Horizontal o msoGradientVertical.

La variante de degradado (**Variant**) puede ser un valor que varía entre 1 y 4, tal como vemos en la imagen inferior. Y el degradado es un valor decimal que varía entre 0 y 1.

El método **PresetTextured** proporciona una textura al relleno de un objeto. Los tipos de textura posibles son:

msoPresetTextureMixed, msoTexturePaperBag, msoTexture_ BlueTissuePaper, msoTexture Bouquet, msoTextureBrownMarble, msoTextureCanvas, msoTextureCork, msoTextureDenim, msoTextureFishFossil, msoTextureGranite, msoTexture_ GreenMarble, msoTexture Newsprint, msoTextureOak, msoTexturePapyrus, msoTexture_ Parchment, msoTexturePink TissuePaper, msoTextureSand, msoTexturePurpleMesh, msoTextureRecycledPaper, msoTextureStationery, msoTextureWalnut, msoTextureWater_ Droplets, msoTextureWhite Marble, msoTextureWovenMat, msoTextureMediumWood.

Algunas de ellas:

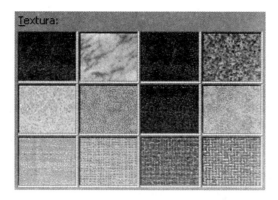

EJEMPLO DE GRÁFICO BÁSICO

Diseñemos una aplicación *Visual Basic* con la que podamos elaborar un gráfico a medida en una hoja de cálculo *Microsoft Excel*. Ahora no nos interesan los datos que manejemos, sino las propiedades del gráfico, por ello, generaremos los diez primeros valores de una serie geométrica a partir del 2.

Como en el ejemplo anterior, partiremos de un formulario de Visual Basic con dos controles Command1 y Command2. Para definir la fuente de datos necesitamos usar el método **SetSourceData** del objeto Chart:

HojaExcel.Application.**SetSourceData** (Source, PlotBy)

El argumento Source establece la fuente de datos. En nuestro caso, los datos provienen de la primera columna de la hoja de cálculo. En el formulario de código el lector puede probar a ejecutar estas instrucciones:

```
Option Explicit

Public HojaExcel As Object

Private Sub Command1_Click()
  Set HojaExcel = CreateObject("Excel.Sheet")
  HojaExcel.Application.Visible = True

' Valores de la serie geométrica
  HojaExcel.Application.Range("A1").Value = 2
  HojaExcel.Application.Range("A1:A10").Select
  HojaExcel.Application.Selection.DataSeries , xlGrowth, , 2

' Representamos el gráfico
  HojaExcel.Application.ActiveSheet.ChartObjects.Add(141, 42, 236, 175).Select
  HojaExcel.Application.ActiveChart.SetSourceData _
  Source:=HojaExcel.Application.Range("A1:A10"), PlotBy:=xlColumns

End Sub

Private Sub Command2_Click()
  HojaExcel.Application.Quit
  Set HojaExcel = Nothing
  End
End Sub
```

y comprobará que el resultado es parecido a:

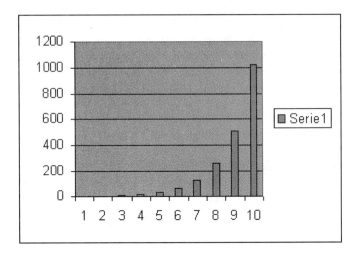

A partir de este gráfico inicial, aplicaremos las distintas propiedades para modificarlo a nuestro antojo desde Visual Basic. Continuamos programando en *Command1_Click()*:

```
With HojaExcel.Worksheets(1).ChartObjects(1).Chart
    .ChartType = xl3DColumnClustered
    .GapDepth = 5
    .DepthPercent = 300
    .Elevation = 20
    .Perspective = 75
    .Rotation = 55
    .RightAngleAxes = False
    .AutoScaling = False
    .Shapes.AddShape 6, 1, 1, 15, 15    ' el 6 corresponde a un Octógono regular
    .HasLegend = False
End With
```

El lector puede jugar con los valores predefinidos con el fin de que el gráfico le resulte más satisfactorio. Tal como está definido ahora obtendríamos:

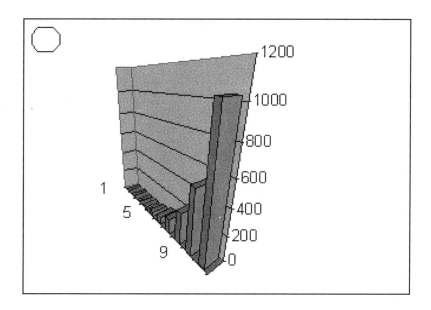

Acabamos de aplicar las propiedades de llenado a nuestro gráfico y al objeto en él dibujado (octágono). Añadimos estas líneas de código a las ya existentes:

.ChartArea.**Fill.OneColorGradient** 1, 1, 0.23
.**Walls**.Fill.**PresetTextured** 3
.Shapes(1).Fill.PresetTextured 11   ' octágono

La propiedad **Walls** controla los planos laterales de un gráfico en 3D. En este caso los hemos llenado (Fill) con la textura 3 correspondiente a la constante:

msoTextureBlueTissuePaper

El octágono, la única forma del gráfico, lo llenamos con la textura 11 correspondiente a la constante:

msoTextureCork

Al ejecutar el programa nos muestra:

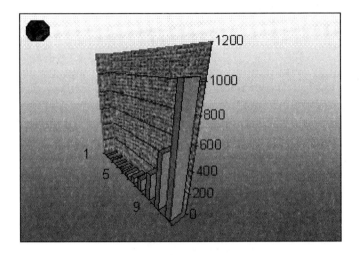

La última modificación que realizaremos en nuestro gráfico consistirá en añadir los títulos, tanto del gráfico como de cada eje, así como establecer un color para el fondo.

El objeto **Floor** sirve para diseñar el plano inferior de un gráfico 3D.

El objeto de conjunto que contiene las propiedades de los ejes es **Axes**, que a la vez está compuesto por cada eje **Axis**. Definimos los ejes:

HojaExcel.Worksheets(1).ChartObjects(1).Chart. **Axes** (Type, AxisGroup)

Los tipos de ejes disponibles son: xlValue, xlCategory o xlSeries, si los datos no son series, utilizaremos por defecto xlCategory. Sólo hay dos tipos de grupo de ejes: el primario(**xlPrimary**) y el secundario (**xlSecondary**) para gráficos en 2D, y ninguna para 3D.

Estudiemos las propiedades más relevantes del objeto Axis:

- **AxisTitle** (TítuloEje):

Escribimos el nombre del eje.

- **CategoryType** (TipoCategoria):

El tipo de escala utilizada en un gráfico puede ser derminada por el usuario (xlCategoryScale), temporal (xlTimeScale) o automática (xlAutomaticScale). Por defecto será automática.

- **BaseUnit** (UnidadBase):

En el caso de haber seleccionado la escala temporal (xlTimeScale), BaseUnit nos permite elegir entre diaria (xlDays), mensual (xlMonths) o anual (xlYears).

- **BaseUnitIsAuto** (UnidadBaseAutomática):

  La aplicación Microsoft Excel elige la base automáticamente.

- **HasMajorGridlines** (TieneLíneasDivisiónPrincipales):

  Si es verdadero (True) las dibujará. Por el contrario (False) no. Sólo los ejes primarios pueden tener líneas de división.

- **HasMinorGridlines** (TieneLíneasDivisiónSecundarias):

  Verdadero o Falso, como en el caso anterior.

- **MajorUnit** (UnidadPrincipal), **MinorUnit** (UnidadSecundaria):

  Sirven para establecer el número de valores principales y secundarios a representar en los ejes del gráfico. Si MajorUnit valiese 1 querría decir que aparecería cada valor de graduación sobre el eje, y nos haría imposible leer bien los datos.

- **TickLabels** (EtiquetaGraduación):

  Permite dar el formato deseado a las marcas de los ejes de graduación. Si queremos que sean azules, escribiremos :

  HojaExcel.Worksheets(1).Charts(1).Axes(xlValue).TickLabels.Font.Color RGB(0,0,255)

- **Height** (Alto), **Width** (Ancho):

  Propiedades de sólo lectura que devuelven, respectivamente, la altura y anchura de cada eje.

- **Top** (Arriba), **Left** (Izquierda):

  Nos informan de la posición de los ejes respecto la esquina superior izquierda del gráfico.

- **ReadingOrder** (OrdenLectura):

  Para leer el texto de derecha a izquierda (**xlRTL**), de izquierda a derecha (**xlLTR**) o según el contexto (**xlContext**).

- **Shadow** (Sombra):

  Verdadero si la queremos, o falso en caso contrario.

Podemos acabar de programar estos últimos cambios añadiendo a continuación de *Command1_Click* las siguientes líneas de código:

```
HojaExcel.Worksheets(1).ChartObjects(1).Chart. _
    Floor.Interior.Color = RGB(0, 255, 255)        ' Plano inferior del gráfico 3D

HojaExcel.Worksheets(1).ChartObjects(1).Activate   ' Activamos el gráfico

With HojaExcel.Application.ActiveChart.Axes(xlCategory)
    .HasTitle = True
    .AxisTitle.Caption = "Gráfico de Prueba"       ' Título del eje horizontal
    .AxisTitle.ReadingOrder = xlLTR                ' Orden de lectura
    .TickLabels.Font.Color = RGB(0, 0, 255)        ' Color de los valores de graduación
    .CategoryType = xlTimeScale                    ' Escala Temporal
    .MajorUnit = 2                                 ' Presenta los valores Principales
                                                   ' de 2 en 2
    .BaseUnit = xlDays
    .BaseUnitIsAuto = False
    .HasMajorGridlines = False
    .HasMinorGridlines = True
    .AxisTitle.Fill.OneColorGradient 3, 4, 0.1     ' Gradiente Diagonal hacia arriba
    .AxisTitle.Shadow = True                       ' Con sombra

End With
```

Finalmente, al ejecutar la aplicación veremos cómo *Microsoft Excel* va modificando el gráfico según nuestras indicaciones hasta parecerse a:

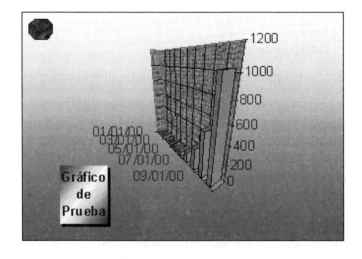

UTILIZAR LAS FUNCIONES MATEMÁTICAS Y LÓGICAS DE EXCEL

Excel tiene muchas funciones: *matemáticas, lógicas, financieras, etc.,* ya que son la base de una hoja de cálculo. Las podemos clasificar en distintos grupos y utilizarlas para distintos grupos de datos. A continuación hablaremos de las funciones más útiles o utilizadas comúnmente por la mayoría de la gente.

Crearemos un nuevo programa llamado *Tabla de datos* en el que el usuario introducirá una serie de valores dentro de una tabla, para luego aplicarles diferentes operaciones matemáticas.

Iniciaremos una nueva aplicación. Haremos click con el botón derecho del ratón y aparecerá una ventana donde podremos elegir la opción ***Propiedades***. La seleccionamos y modificamos la propiedad **Caption** escribiendo *Tabla de datos*. Así vemos que el título del formulario cambia y aparece nuestro nuevo título.

Una vez seguidos estos pasos, iremos al menú **Proyecto** (si estamos trabajando con la versión 6.0 de Visual Basic), dentro del menú desplegable elegiremos **Componentes**, y dentro de la ventana de componentes, seleccionaremos *Microsoft Grid Control*. En la tabla de herramientas aparecerá un nuevo icono (el de Grid). Selecciónelo y dibújelo dentro del formulario sustituyendo en las propiedades **fixedCols** (columnas fijas) y **fixedRows** (filas fijas) el valor 1 por el 0; en **Rows** (filas) escribir 10 y en **Cols** (columnas) escribir 2.

El color de fondo de la tabla (Grid) se puede modificar con la propiedad **BackColor**.

Los otros comandos que introduciremos son:

Control	Propiedad	Valor
Frame1	Caption	Opciones
CheckBox	Caption	Producto
	Name	Función
	Index	0
CheckBox	Caption	Suma
	Name	Función
	Index	1
CheckBox	Caption	Valor Mínimo
	Name	Función
	Index	2
CheckBox	Caption	Valor Máximo
	Name	Función
	Index	3
CommandButton	Caption	Salir

Estas operaciones se traducen en un aspecto como éste:

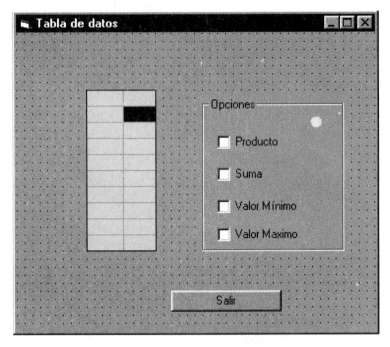

Al hacer doble click sobre el formulario aparecerá la ventana de código donde escribiremos:

```
Option Explicit              ' Obligado definir las variables
Public HojaExcel As Object   ' el objeto HojaExcel puede utilizarse en cualquier parte del
                             ' programa
```

De la lista desplegable de la ventana podemos escoger Command1 (botón Salir) y escribir:

```
Private Sub Command1_Click()
 Set HojaExcel = Nothing
 End
End Sub
```

Un *array de controles* es un conjunto de controles que comparten un mismo nombre pero se distinguen entre sí mediante índices (**Index**) distintos. Sirven para poder trabajar conjuntamente con todos ellos ahorrando código al escribir.

```
Private Sub Función_Click(Index As Integer)
Dim NumCol As Integer, NumFila As Integer

Set HojaExcel = CreateObject("Excel.Sheet")
HojaExcel.Application.Visible = True                    ' Aparece la aplicación
HojaExcel.Application.Caption = " Tabla de datos "      ' Ponemos un nuevo título
```

```
                                          ' a la aplicación Excel
  For NumCol = 0 To 1                     ' Hay dos Columnas
   For NumFila = 0 To 9                   ' Hay 10 Filas
   Grid1.Col = NumCol
   Grid1.Row = NumFila
   HojaExcel.Application.Cells(NumFila + 1, NumCol + 1).Formula = Grid1.Text
  Next NumFila
 Next NumCol
```

Con este código especificamos en qué celda nos encontramos: columna (**Col**) y fila (**Row**). Además vamos introduciendo los datos aportados por el usuario en distintas celdas de Excel, para ello podemos utilizar la propiedad **Formula** en la que se especifica que se introduce una fórmula o valor dentro de una celda.

```
Select Case Index
  Case 0
     HojaExcel.Application.Range("A12").Value = "Producto"
     HojaExcel.Application.Range("A13:B13").Interior.Color = RGB(0, 255, 0) ' Color verde
     HojaExcel.Application.Range("A13").Value = "=PRODUCT(A1:A10)"
     HojaExcel.Application.Range("B13").Value = "=PRODUCT(B1:B10)"
  Case 1
     HojaExcel.Application.Range("A12").Value = "Suma"
     HojaExcel.Application.Range("A13:B13").Interior.Color = RGB(0, 255, 0)
     HojaExcel.Application.Range("A13").Value = "=SUM(A1:A10)"
     HojaExcel.Application.Range("B13").Value = "=SUM(B1:B10)"
  Case 2
     HojaExcel.Application.Range("A12").Value = "Valor Mínimo"
     HojaExcel.Application.Range("A13:B13").Interior.Color = RGB(0, 255, 0)
     HojaExcel.Application.Range("A13").Value = "=MIN(A1:A10)"
     HojaExcel.Application.Range("B13").Value = "=MIN(B1:B10)"
  Case 3
     HojaExcel.Application.Range("A12").Value = "Valor Máximo"
     HojaExcel.Application.Range("A13:B13").Interior.Color = RGB(0, 255, 0)
     HojaExcel.Application.Range("A13").Value = "=MAX(A1:A10)"
     HojaExcel.Application.Range("B13").Value = "=MAX(B1.B10)"
End Select
End Sub
```

En función de la opción escogida por el usuario (Producto, suma, etc.) la aplicación reconocerá el índice que le corresponde y seleccionará qué acción debe ocurrir. Todo ello lo podemos hacer utilizando la función **Select Case Index**, en cada caso se colorearán las celdas donde aparecerá el resultado de color verde **RGB(0, 255, 0)** (define el grado de rojo -**R**ed- , verde -**G**reen-, y azul -**B**lue- entre 0 y 255).

La operación **PRODUCT** (producto) multiplica los valores de todas las celdas anteriores. **SUM** (suma) suma los valores de las celdas. **MIN** (mínimo) selecciona el valor mínimo del conjunto de valores de las celdas y **MAX** el máximo.

Para introducir los datos en las celdas de la tabla, invocaremos la función **InputBox** para solicitar que el usuario introduzca sólo datos. Así cuando se señale con el ratón una celda y se apriete el botón izquierdo, se abrirá una ventana donde se introducirán los datos.

InputBox prompt, title, default, xpos, ypos, helpfile, context

• **prompt:**

Expresión para pedir los datos. Por ejemplo "Valor de la celda ?"

• **title:**

Título de la ventana. Ejemplo : "Tabla de valores"

• **default:**

Expresión ejemplo de los datos que se piden. Por ejemplo "123"

• **xpos:**

Posición **x** del extremo superior izquierdo de la ventana.

• **ypos:**

Posición **y** del extremo superior izquierdo de la ventana.

```
Private Sub Grid1_Click()
Dim x As Integer, y As Integer
Dim Respuesta As String

On Error GoTo Errores
If Grid1.CellSelected Then    ' Celda seleccionada
  x = Grid1.Row
  y = Grid1.Col
  Grid1.colaligment(y) = 2    ' Centrar los datos
flexa:
  Respuesta = InputBox("Valor de la celda (" & x & "," & y & ")", "Valores")
   If Not IsNumeric(Respuesta) Then
    GoTo Errores
   Else
    Grid1.Clip = Respuesta
   End If
End If

Exit Sub
```

```
Errores:
  MsgBox "Error al introducir los datos", vbCritical, "Valores"
  Grid1.Clip = ""
  GoTo flexa
End Sub
```

La propiedad **Clip** sirve para introducir expresiones dentro de las celdas.

La función **IsNumeric** sirve para controlar que los datos introducidos por el usuario sean realmente numéricos; en caso contrario se provoca un error, y se trata el suceso como una simple manipulación de errores **On Error GoTo Errores**. Así cuando se produce un error, la línea de código avanza hasta el puntero Errores.

Allí aparece una caja de mensaje **MsgBox** avisando al usuario del error cometido.

MsgBox prompt, buttons, title, helpfile, context

El argumento **buttons** tiene estos valores:

Constante	Valor	Descripción
vbOKOnly	0	Muestra solamente el botón Aceptar.
vbOKCancel	1	Muestra los botones Aceptar y Cancelar.
vbAbortRetryIgnore	2	Muestra los botones Anular, Reintentar e Ignorar.
vbYesNoCancel	3	Muestra los botones Sí, No y Cancelar.
vbYesNo	4	Muestra los botones Sí y No.
vbRetryCancel	5	Muestra los botones Reintentar y Cancelar.
vbCritical	16	Muestra el icono de mensaje crítico.
vbQuestion	32	Muestra el icono de pregunta de advertencia.
vbExclamatio	48	Muestra el icono de mensaje de advertencia.
vbInformation	64	Muestra el icono de mensaje de información.
vbDefaultButton1	0	El primer botón es el predeterminado.
vbDefaultButton2	256	El segundo botón es el predeterminado.
vbDefaultButton3	512	El tercer botón es el predeterminado.
vbDefaultButton4	768	El cuarto botón es el predeterminado.
vbApplicationModal	0	Aplicación modal; el usuario debe responder al cuadro de mensajes antes de poder seguir trabajando en la aplicación actual.
vbSystemModal	4096	Sistema modal; se suspenden todas las aplicaciones hasta que el usuario responda al cuadro de mensajes.

El primer grupo de valores (0 a 5) describe el número y el tipo de los botones mostrados en el cuadro de diálogo; el segundo grupo (16, 32, 48, 64) describe el estilo del icono, el tercer grupo (0, 256, 512) determina el botón predeterminado y el cuarto grupo (0, 4096) determina la modalidad del cuadro de mensajes. Cuando se suman números para obtener el valor final del argumento buttons, se utiliza solamente un número de cada grupo.

Nota: Estas constantes las especifica Visual Basic for Applications. Por tanto, el nombre de las mismas puede utilizarse en cualquier lugar del código en vez de sus valores reales.

• Valores devueltos:

Constante	Valor	Descripción
vbOK	1	Aceptar
vbCancel	2	Cancelar
vbAbort	3	Anular
vbRetry	4	Reintentar
vbIgnore	5	Ignorar
vbYes	6	Sí
vbNo	7	No

Cuando se proporcionan tanto *helpfile* como *context*, el usuario puede presionar F1 para ver el tema de Ayuda correspondiente al *context*. Algunas aplicaciones *host*, por ejemplo Microsoft Excel, también agregan automáticamente un botón Ayuda al cuadro de diálogo.

Si el cuadro de diálogo cuenta con un botón *Cancelar*, presionar la tecla ESC tendrá el mismo efecto que hacer clic en este botón. Si el cuadro de diálogo contiene un botón Ayuda, se suministra ayuda interactiva para ese cuadro de diálogo. Sin embargo, no se devuelve valor alguno hasta que se hace clic en uno de estos botones.

Nota: Si desea especificar algo más que el primer argumento con nombre, debe utilizar MsgBox en una expresión.

Si desea omitir algún argumento de posición, debe incluir el delimitador de coma correspondiente.

Las *funciones lógicas* más utilizadas son:

FALSO	Devuelve el valor lógico FALSO
NO	Invierte la lógica del argumento
	Ejemplos: **NO**(FALSO) es igual a VERDADERO **NO**(1+1=2) es igual a FALSO
O	Devolverá VERDADERO si alguno de los argumentos es VERDADERO **O**(valor_lógico1; valor_lógico2; ...) Valor_lógico1; valor_lógico2; ... son entre 1 y 30 condiciones que se desea verificar y que pueden ser VERDADERO o FALSO.

	Ejemplos: O(VERDADERO) es igual a VERDADERO O(2+2=1;2+2=5) es igual a FALSO
SI	Especifica una prueba lógica a efectuar **SI**(prueba_lógica; valor_si_verdadero; valor_si_falso) *Ejemplos*: SI(B2>C2;"Celda B";"Celda C") es igual a "Celda B" SI(B3>C3; "Celda B";"Celda C") es igual a "Celda C"
VERDADERO	Devuelve el valor lógico VERDADERO
Y	Devuelve VERDADERO si todos los argumentos son VERDADERO **Y**(valor_lógico1; valor_lógico2; ...) *Ejemplos* Y(VERDADERO; VERDADERO) es igual a VERDADERO Y(VERDADERO; FALSO) es igual a FALSO Y(2+2=4; 2+3=5) es igual a VERDADERO

Conjunto de funciones

Por último, recordaremos que el conjunto de todas las funciones de una hoja de cálculo de *Microsoft Excel* que podemos llamar desde *Visual Basic*, están contenidas en el objeto **WorksheetFunction**.

Este objeto nos proporciona una manera más elegante y rápida de llamar una función. Supongamos que en la primera columna (A1:A10) de una hoja de cálculo introducimos desde Visual Basic una serie de datos aleatorios. Con estos datos querremos conocer la *mediana* sin necesidad de abrir *Excel*. El valor obtenido lo escribiremos en una etiqueta (Label) de mi formulario.

Resumiendo, en un formulario podemos situar dos botones y una etiqueta que servirá para escribir la respuesta a la consulta. En la ventana de código de *Visual Basic* escribiremos:

```
Option Explicit
Public HojaExcel As Object

Private Sub Command1_Click()
  Dim n As Integer
  Dim Respuesta As Double
  Dim datos As Object
```

```
   Set HojaExcel = CreateObject("Excel.Sheet")
   For n = 1 To 10
      HojaExcel.Application.Range("A" & n).Value = 20 * Rnd()
   Next n

   Set datos = HojaExcel.application.Worksheets(1).Range("A1:A10")
   Label1.Caption = HojaExcel.Application.WorksheetFunction.Median(datos)

End Sub

Private Sub Command2_Click()
   HojaExcel.Application.Quit
   Set HojaExcel = Nothing
   End
End Sub
```

En el ejemplo anterior podemos substituir la función **Median** por cualquiera de las disponibles en la aplicación *Excel*. Para más información específica de todas las funciones existentes, así como del número de argumentos necesarios para cada una de ellas, es preferible consultar la ayuda de *Microsoft Excel 2000*.

Trabajar con Euros (€)

Entre el amplio conjunto de funciones (matemáticas, lógicas, financieras, estadísticas...) existentes, encontramos la nueva función **EUROCONVERT** que nos ayudará a convertir a Euros cualquier moneda cuyo estado actualmente lo haya adoptado. O pasar de una moneda de un estado a otro mediante la conversión a Euros (triangulación). El cambio actual establecido en la función es el fijado por la Unión Europea (en España: *1€* es *166.386 Ptas.*).

El formato de la función EUROCONVERT con sus argumentos es:

EUROCONVERT(número,origen,destino,máxima_precisión,precisión_
              de_triangulación)

- **número**:

Corresponde a la cantidad que se desea convertir o una referencia a la celda que la contiene.

- **origen**:

Es la cadena de tres letras que hace referencia según el código ISO a la moneda del país de origen, o la referencia a la celda que la contiene.

Los códigos actuales disponibles en la función EUROCONVERT son:

País	Unidad básica de moneda	Código ISO
Bélgica	franco	BEF
Luxemburgo	franco	LUF
Alemania	marco alemán	DEM
España	peseta	ESP
Francia	franco	FRF
Irlanda	libra	IEP
Italia	lira	ITL
Países Bajos	florín	NLG
Austria	chelín	ATS
Portugal	escudo	PTE
Finlandia	marco finlandés	FIM
Estados que han adoptado el €	euro	EUR

En previsión de que los siguientes países adopten a corto plazo el Euro, les asignamos el siguiente código ISO:

País	Unidad básica de moneda	Código ISO
Dinamarca	corona	DKK
Grecia	dracma	GRD
Suecia	corona	SEK
Reino Unido	libra esterlina	GBP

- **destino**:

Es la cadena de tres letras correspondiente a la moneda cuya cantidad queremos convertir, o bien la referencia a la celda.

- **máxima_precisión**:

Falso para que *Excel* utilice las reglas de redondeo propias de cada moneda. Las reglas son las siguientes:

Código ISO	Precisión de cálculo	Precisión de presentación
BEF	0	0
LUF	0	0
DEM	2	2
ESP	0	0
FRF	2	2
IEP	2	2

Código ISO	Precisión de cálculo	Precisión de presentación
ITL	0	0
NLG	2	2
ATS	2	2
PTE	1	2
FIM	2	2
EUR	2	2

Verdadero para no redondear y usar directamente seis dígitos significativos.

- **precisión_de_triangulación**:

Si realizamos la triangulación, podemos especificar el número de dígitos significativos (mayor que tres) que usaremos en euros para hacer la conversión de una moneda a otra de estados miembros a la U.E. Si prescindimos de este argumento, Excel no redondeará el valor intermedio en euros.

Por ejemplo, para pasar 30 liras italianas a euros escribiríamos:

HojaExcel.Application.Range("A1").Value = "=**EUROCONVERT**(30;"ITL";"EUR")"

El resultado aparecería en la celda A1, con un valor de 0.02Euros con una precisión de dos dígitos tal como corresponde por defecto al euro. Si lo quisiéramos con cuatro dígitos, escribiríamos:

HojaExcel.Application.Range("A1").Value
="=EUROCONVERT(30;"ITL";"EUR";VERDADERO;4)"

Con cuatro dígitos, 30 liras italianas son equivalentes a 0.0155 €.

Si triangulamos 90 liras italianas a marcos alemanes con la sentencia:

HojaExcel.Application.Range("A1").Value
="=EUROCONVERT(90;"ITL";"DEM";VERDADERO;3)"

El resultado es de 0.08996818 marcos. Los euros se redondean con tres dígitos significativos, ya que la precisión_de_triangulación es de 3. Pero el resultado final aparece con todos los dígitos significativos porque la máxima_precisión es VERDADERO.

Se puede comprobar fácilmente cómo cambia el resultado final si se redondan los euros con cuatro dígitos:

HojaExcel.Application.Range("A1").Value
="=EUROCONVERT(90;"ITL";"DEM";VERDADERO;4)"

Ahora el resultado será de 0.090946095 marcos alemanes.

CAPÍTULO 6

TRATAMIENTO AVANZADO DE GRÁFICOS

En el apartado anterior 2.3 ya vimos algunas de las propiedades de los gráficos básicos para visualizar estadísticas. Aún se pueden mejorar estas propiedades trabajando con nuevas instrucciones. Veremos los nuevos conceptos a tratar, ejecutando una nueva aplicación donde el usuario decidirá qué tipo de gráfico desea, eligiendo unas determinadas opciones.

Supongamos que hemos creado una aplicación empresarial, y como resultado final de un determinado balance, queremos reflejar las variaciones económicas producidas en los últimos días. Para ello, utilizaremos un gráfico que el usuario deberá elegir (ésta es la parte del programa que estudiaremos aquí).

Al abrir la nueva aplicación procederemos a modificar los controles del formulario para que el resultado final sea parecido a éste:

Control	Propiedad	Valor
Form1	Caption	Propiedades de los gráficos
Frame1	Caption	Opciones
CheckBox	Caption	Series temporales en 2-D
	Name	Gráfico2D
CheckBox	Caption	Series temporales en 3-D
	Name	Gráfico3D
Frame2	Caption	Tipo de Gráfico
CheckBox	Name	Check(0)
	Caption	Áreas
	Index	0
CheckBox	Name	Check(1)
	Caption	Barras
	Index	1
CheckBox	Name	Check(2)
	Caption	Columnas
	Index	2
CheckBox	Name	Check(3)
	Caption	Líneas
	Index	3
CheckBox	Name	Check(4)
	Caption	Circular
	Index	4
CommandButton	Name	Salir
	Caption	Salir

Ahora ya estamos en disposición de introducir el código.

Una manera muy útil de definir una función que se pueda usar en cualquier procedimiento de la aplicación consiste en definirla en un **Módulo estándar** que es un archivo utilizable por cualquier formulario.

Si trabajamos con Visual Basic 6.0, podemos insertar un módulo estándar seleccionando **Agregar módulo** del menú **Proyecto**. En versiones anteriores a V.B 6.0 elegiremos la orden **Módulo** del menú **Insertar**.

En la ventana de código que aparece escriba el procedimiento siguiente, incluyendo las líneas **Sub** y **End Sub**:

```
Option Explicit
Public HojaExcel As Object
Public TipoGráfico As Integer
```

Las variables HojaExcel y TipoGráfico al definirlas públicas quedan definidas en toda la aplicación.

Ahora definiremos una función pública que simulará los resultados de nuestro estudio. Así cada vez que tengamos que representar un gráfico acudiremos a esta función. Simplemente lo que genera esta función son dos columnas de datos. En una hay una serie cronológica y en la otra un conjunto de valores aleatorios que simulan una evolución temporal de un determinado producto.

```
Public Function ValoresGráfica()
Dim n As Integer, valor As Integer
' Crearemos un gráfico cronológico con valores aleatorios
Set HojaExcel = CreateObject("Excel.Sheet")
HojaExcel.Application.Visible = True

With HojaExcel.Application.Range("B1")
   .Value = "Pesetas"
   .HorizontalAlignment = xlCenter   ' Centramos el título
   .Font.Bold = True
End With
'Introducimos la primera fecha
With HojaExcel.Application.Range("A1")
   .Value = "Fecha"
   .HorizontalAlignment = xlCenter
   .Font.Bold = True
End With
HojaExcel.Application.Range("A2:A20").NumberFormat = "dd-mm-yy"
HojaExcel.Application.Range("A2").Value = "12-8-98"

'Llenamos la columna con una serie cronológica
HojaExcel.Application.Range("A2:A20").Select
HojaExcel.Application.Selection.DataSeries Type:= xlChronological, Date:=xlDay

'Llenamos la segunda columna con valores aleatorios
For n = 0 To 18
  valor = Int(200 * Rnd)
  HojaExcel.Application.Cells(2 + n, 2).Value = valor
Next n
```

El siguiente paso consiste en abrir la ventana de código del formulario Form1 para definir cada suceso en función de la elección del usuario. Una vez abierta, escribiremos las líneas siguientes para conseguir que al seleccionar un tipo de serie temporal (2-D o 3-D), y un tipo de gráfico (Áreas, Columnas...) aparezca el gráfico deseado en una hoja de Excel.

```
Option Explicit
Private Sub Check1_Click(Index As Integer)

 Select Case Index
   Case 0
     TipoGráfico = 1      ' Área
```

```
    Case 1
      TipoGráfico = 2    ' Barras
    Case 2
      TipoGráfico = 3    ' Columnas
    Case 3
      TipoGráfico = 4    ' Líneas
    Case 4
      TipoGráfico = 5    ' Círcular
  End Select

Limpiar (Index)
End Sub
```

En este procedimiento guardamos el gráfico seleccionado por el usuario en la variable pública **TipoGráfico**, el índice (**Index**) define la caja seleccionada.

La función **Limpiar (Index)** limpiará las cajas si el usuario desea cambiar la selección.

```
Public Function Limpiar(Ind As Integer)
Dim n As Integer
For n = 0 To 4
  If n <> Ind Then Check1(n).Value = 0 ' desactivado
Next n
End Function
```

Se limpian las cinco cajas excepto la seleccionada. La propiedad **Value** del control **Check1(n)** puede presentar tres posibilidades:

0 es *desactivado* (predeterminado), **1** es *activado* y **2** es *atenuado*.

```
Private Sub Gráfico2D_Click()
' valor por defecto en caso de NO elección
If TipoGráfico > 5 Or TipoGráfico < 1 Then TipoGráfico = 3

' Establecemos los valores de la tabla
ValoresGráfica

' Definimos la posición del gráfico
HojaExcel.Application.ActiveSheet.ChartObjects.Add(150, 70, 236, 175).Select

' Características del gráfico
HojaExcel.Application.ActiveChart.ChartWizard _
            HojaExcel.Application.Range("A2:B20"), TipoGráfico, _
            6, , 1, 1, 2, "Evolución temporal", "Días", "Pesetas", ""
Ampliación2D
End Sub
```

En este procedimiento definimos por defecto el gráfico de columnas. Además lo situamos en las coordenadas de la esquina superior izquierda (**150, 70**), con una amplitud de 236 **Twips** y una altura de 175.

Luego, gracias al asistente de gráficos, establecemos los parámetros principales, como son el rango de valores que definirán el gráfico, el tipo de gráfico, que no queremos leyenda (2), el título (" Evolución temporal"), el eje de las abscisas ("Días") y el de las ordenadas (" Pesetas").

La función Ampliación2D la veremos más adelante.

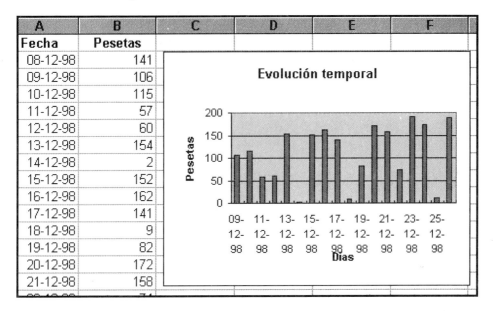

De la misma manera que ha sucedido con la representación en 2-D, escribiremos el código correspondiente en 3-D:

```
Private Sub Gráfico3D_Click()
' valor por dcfocto
If TipoGráfico > 5 Or TipoGráfico < 1 Then TipoGráfico = 3

ValoresGráfica
' Definimos la posición del gráfico
HojaExcel.Application.ActiveSheet.ChartObjects.Add(150, 70, 236, 175).Select
' Características del gráfico
HojaExcel.Application.ActiveChart.ChartWizard HojaExcel.Application.Range("A2:B20"), _
    -(TipoGráfico + 4097), 6, , 1, 1, 2, "Evolución temporal", "Días", "Pesetas", ""

Ampliación3D

End Sub
```

Hay que destacar que la relación existente entre un gráfico en 2-D y otro en 3-D es una diferencia en el número de código de 4097. En resumen podemos relacionar el nombre del gráfico y su código correspondiente en la tabla:

Tipo de Gráfico en 2-D	Valor	Tipo de Gráfico en 3-D	Valor
xlArea	1	xl3DArea	-4098
xlBar	2	xl3DBar	-4099
xlColumn	3	xl3DColumn	-4100
xlLine	4	xl3DLine	-4101
xlPie	5	xl3DPie	-4102

Si ejecutamos la aplicación automáticamente y elegimos "*Series temporales en 3-D*" el resultado final será parecido a:

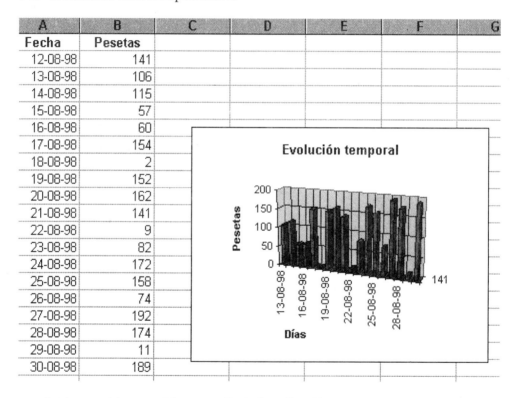

La instrucción conocida para salir de la aplicación es:

```
Private Sub Salir_Click()
Set HojaExcel = Nothing
End
End Sub
```

Nuevas modificaciones ...

Los gráficos producidos hasta el momento se pueden mejorar añadiendo nuevas propiedades que modifiquen el formato y la presentación preliminar. El lector podrá variar el código descrito a continuación para que el gráfico resultante quede a su gusto, sólo hay que fijarse en cómo actúa cada propiedad sobre el objeto determinado.

Definamos la función Ampliación2D() donde introduciremos las modificaciones deseadas:

```
Public Function Ampliación2D()
 HojaExcel.Application.ActiveSheet.DrawingObjects("Gráfico 1").Select
 With HojaExcel.Application.Selection.Border
    .ColorIndex = 4
    .LineStyle = 1
 End With
```

El método **DrawingObjects** (Objetos dibujados) nos servirá para seleccionar el gráfico incrustado en nuestra hoja de cálculo. El método DrawingObjects devuelve todos los objetos dibujados, incluyendo objetos gráficos, imágenes, objetos incrustados y gráficos incrustados.

El objeto **Border** (Borde) me permite modificar el borde de una celda o en nuestro caso, de un gráfico. Para ello, aplicaremos algunas de sus propiedades.

La propiedad **ColorIndex** (Índice de color) establece el color del borde. El color se especifica como un valor de índice en la paleta de colores o con la constante especial **xlAutomatic** para especificar que el llenado sea automático; de lectura-escritura.

La propiedad **LineStyle** (Estilo de línea) devuelve o establece el estilo de línea del borde. Puede ser uno de los siguientes:

Valor	Constante	Valor	Constante
1	xlLíncaContinua	6	xlGris50
2	xlRaya	7	xlGris75
3	xlPunto	8	xlGris25
4	xlRayaPunto	9	xlSubrayadoDoble
5	xlRayaPuntoPunto	10	xlNinguno

También podríamos haber utilizado otra propiedad para definir el color del borde, la propiedad **Color**, donde aquí no utilizamos un índice del color de la paleta, sino la función **RGB** (red, green, blue). Por ejemplo:

Border.**Color** =RGB(12, 234, 67)

Los valores de cada color pueden variar de 0 a 249 unidades.

Continuamos desarrollando el código:

```
HojaExcel.Application.Selection.Shadow = True
HojaExcel.Application.Selection.Interior.ColorIndex = xlAutomatic
With HojaExcel.Application.ActiveChart.ChartGroups(1)
    .SubType = 1
    .Overlap = 0
    .HasSeriesLines = False
    .AxisGroup = 1
    .VaryByCategories = True
    .GapWidth = 20
End With
```

La propiedad **Shadow** (sombra) permite poner o no sombra al recuadro del gráfico, en nuestro caso la queremos y establecemos su carácter *verdadero* (True).

El objeto **Interior** define las propiedades del interior de una celda o gráfico. Una propiedad es **ColorIndex**, a la que si se le asigna el valor xlAutomatic, por defecto establece el valor de *lectura-escritura*.

Otra propiedad que se podría haber utilizado seria **Pattern** (Diseño), que establece el tipo de diseño interior del gráfico. Los valores que definen el tipo son:

Valor	Constante	Valor	Constante
1	XlAutomático	10	xlCuadrícula
2	XlACuadros	11	xlHorizontal
3	XlEntrecruzado	12	xlDiseñoHaciaAbajoClaro
4	XlAbajo	13	xlDiseñoHorizontalClaro
5	xlGris16	14	xlDiseñoHaciaArribaClaro
6	xlGris25	15	xlDiseñoVerticalClaro
7	xlGris50	16	xlNingunoxlSemiGris75
8	xlGris75	17	xlSólidoxlHaciaArriba
9	xlGris8	18	xlVertical

Así, por ejemplo, podríamos definir un interior a cuadros ejecutando la sentencia:

```
Selection.Interior.Pattern = 2
```

El objeto **ChartGroups(1)** (GruposGráfico) agrupa el conjunto de gráficos definidos en una hoja *Excel*. Si especificamos todos los gráficos, el primero (1), entonces sólo modificaremos sus propiedades y no las de todos los gráficos a la vez.

De entre todas las propiedades de **ChartGroup** estudiaremos:

- **SubType** (SubTipo):

Permite establecer como el mismo nombre dice, el subtipo de gráfico dentro de un tipo determinado. Cada tipo soporta diferentes subtipos (por ejemplo, un gráfico de columnas puede tener los subtipos: agrupados, apilados o de porcentaje). En nuestro caso seleccionamos el primer subtipo de un tipo determinado.

- **Overlap** (Superposición):

Esta propiedad especifica cómo se colocan las barras y las columnas. Puede tener un valor de entre -100 y 100. Se aplica sólo a barras y columnas, de lectura-escritura. Si se establece el valor de -100 para esta propiedad, las barras se colocan de forma tal que haya un espacio entre ellas igual al grosor de la barra. Con superposición igual a 0, no hay espacio entre las barras (una barra empieza inmediatamente después de la barra precedente). Con superposición igual a 100, las barras se colocan una encima de la otra. En nuestro caso no hay separación entre las barras.

- **HasSeriesLines** (TieneLineasSeries):

Si un gráfico de columnas apiladas o de barras tiene líneas de series, se aplica sólo a gráficos de columnas apiladas o de barras.

- **AxisGroup** (GrupoEje):

Devuelve el grupo (xlPrimario o xlSecundario) para el eje, grupo de gráficos o serie especificado. De lectura-escritura para Serie, de sólo lectura para Eje y para GrupoGráfico. En gráficos tridimensionales sólo xlPrimario es válido. Microsoft Excel puede crear o eliminar ejes si se cambia el tipo de gráfico o si se cambia la propiedad GrupoEje.

- **VaryByCategories** (VariarPorAbscisas):

Si esta propiedad es *verdadero*, Microsoft Excel asigna un color o un diseño diferente a cada marcador de datos. El gráfico debe contener sólo una serie.

- **GapWidth** (AnchoIntervalo):

Devuelve o establece el espacio entre agrupamientos de barras o columnas como un porcentaje de la anchura de una barra o columna. Esta propiedad debe tener entre 0 y 500.

- **FirstSliceAngle** (ÁnguloPrimerSector):

Devuelve o establece el ángulo del primer gráfico circular o sector de un gráfico de anillos en un gráfico circular, en un gráfico circular tridimensional o en uno de anillos, medido en grados, en el sentido de las agujas del reloj a partir de la línea vertical. Se aplica sólo a los gráficos circulares, circulares tridimensionales y a los gráficos de anillos.

- **Type** (Tipo):

    Tipo Gráfico. Puede ser uno de los siguientes: xlÁreas3D, xlBarras3D, xlColumnas3D, xlLíneas3D, xlCircular3D, xlSuperficie3D, xlÁrea, xlBarra, xlColumna, xlAnillo, xlLínea, xlCircular, xlRadar o xlDispersiónXY. Si el gráfico tiene grupos de gráficos de más de un tipo, esta propiedad devuelve Nulo, pero al establecer la propiedad se establecen todos los grupos de gráficos.

- **Has3DShading** (Sombreado3D):

    Verdadero si queremos que el objeto gráfico tenga sombreado.

    HojaExcel.Application.ActiveChart.ChartGroups(1).**Has3DShading** = True

- **BubbleScale** (EscalaBurbujas):

    Establece para el gráfico de burbujas, su tamaño proporcional. La escala puede variar entre 0 y 300.

- **ShowNegativeBubble** (MuestraBurbujasNegativas):

    Si no queremos que aparezcan las burbujas correspondientes a valores negativos, asignaremos a esta propiedad un valor boleano Falso (False).

    Dentro de la misma función Ampliación2D() continuamos escribiendo el código siguiente para modificar la presentación preliminar del gráfico. Más adelante volveremos a tratar este tema con profundidad, ahora estableceremos las principales propiedades:

```
' Preparar la presentación preliminar
With HojaExcel.Application.ActiveChart.PageSetup
    .CenterHeader = "Presentación preliminar del gráfico"
    .CenterFooter = "Pie del gráfico"
    .ChartSize = xlPageField
    .PrintQuality = 300
    .CenterHorizontally = False
    .CenterVertically = False
    .Draft = False
    .PaperSize = xlPaperA4
    .FirstPageNumber = xlAutomatic
    .BlackAndWhite = False
    .Zoom = 150
End With

HojaExcel.Application.ActiveChart.PrintPreview

End Function
```

Ya hemos dicho que cada propiedad del objeto **PageSetup** (PrepararPágina) será explicado con profundidad en el capítulo **9**. Ahora sólo establecemos los valores básicos.

Vamos a establecer una serie de modificaciones en la representación **3D** que nos ayudarán a saber manipular estos tipos de gráficos.

Crearemos una función **Ampliación3D()** sin parámetros, donde introduciremos todos los cambios. Al mismo tiempo que vamos escribiendo el código, explicaremos cada objeto y sus propiedades más importantes. Escribimos:

```
Public Function Ampliación3D()
 HojaExcel.Application.ActiveSheet.DrawingObjects("Gráfico 1").Select
 HojaExcel.Application.ActiveSheet.ChartObjects("Gráfico 1").Activate
```

Con estas instrucciones estamos activando los objetos gráficos, el *Gráfico 1* (que es el único que hay).

```
 HojaExcel.Application.ActiveChart.PlotArea.Select
 With HojaExcel.Application.Selection.Interior
    .ColorIndex = 24
    .PatternColorIndex = 1
    .Pattern = 18
 End With
```

El objeto **PlotArea** (Área de trazado), como su nombre indica, modifica las propiedades del trazado del gráfico, su diseño, el borde, el interior del área, etc.

Nosotros sólo modificamos el interior. Primero seleccionamos el Área de trazado, luego, con esta selección, modificamos el interior. Y del objeto interior variamos las propiedades *índice de color* (ColorIndex), *diseño* (Pattern) y *ÍndiceColorDiseño* (**PatternColorIndex**). La última propiedad es la que nos falta ver de estas tres. El índice de color del diseño devuelve o establece el color de diseño interior como un índice en la paleta de colores. Así en función de este índice, definiremos un color u otro.

```
 With HojaExcel.Application.ActiveChart.ChartGroups(1)
    .SubType = 1
    .AxisGroup = 1
    .VaryByCategories = False
 End With
```

Estas propiedades del objeto Gráfico (**Chart**) ya las hemos estudiado antes. Sólo queda remarcar que al dar el valor Falso (**False**) a la propiedad variar por abscisas (**VaryByCategories**) hacemos que cada columna de un gráfico de barras sea del mismo color. Es aconsejable que el lector compruebe el resultado de asignar el valor *verdadero* (**True**). El resultado de esta modificación sería el mismo gráfico pero ahora con cada columna de un color distinto.

```
With HojaExcel.Application.ActiveChart
    .GapDepth = 20
    .DepthPercent = 460
    .Elevation = -5
    .Perspective = 70
    .Rotation = 40
    .RightAngleAxes = False
    .AutoScaling = True
End With
```

PROTECCIÓN DE CONTENIDO

Existen distintos niveles de protección de contenido. Podemos protegerlo todo o sólo una parte concreta de nuestro gráfico, en función de nuestras necesidades.

El objeto gráfico (**Chart**) tiene las siguientes opciones de protección:

• **ProtectContents** (ProtegerContenido):

Esta propiedad me permite proteger distintos contenidos si tiene asignado el valor *verdadero*. En este caso, el contenido de una hoja de cálculo estará protegido. Para un módulo de Visual Basic, esto protege el código de origen. Para un gráfico, protege el gráfico completo. Para una hoja de diálogo, protege el diseño del diálogo y el texto de los controles del diálogo. Para una hoja de cálculo protege las celdas.

En nuestro caso podríamos añadir una línea de código:

HojaExcel.Application.ActiveChart.**PtotectContents** = **True**

para proteger nuestro gráfico completo, así evitamos cualquier posible modificación.

• **ProtectData** (ProtegerDatos):

Si sólo queremos proteger los datos de nuestro gráfico, pero permitimos que el usuario cambie las demás opciones, le asigaremos un valor Verdadero (**True**).

• **ProtectDrawingObjects** (ProtegerLasFormasGráficas):

Si esta propiedad es verdadera el usuario no podrá modificar los objetos gráficos (**Shapes**) dibujados dentro del gráfico.

• **ProtectFormating** (ProtegerFormato):

Verdadero para impedir que al usuario le sea posible modificar el tamaño del gráfico, moverlo, eliminar elementos del mismo.

- **ProtectGoalSeek** (ProtecciónPunterosGráficos):

    Con esta propiedad activada (True) el usuario no podrá modificar con el ratón (*mouse*) ningún punto de selección encima del gráfico, ya sean datos, ejes de valores, ejes de categorías, áreas de trazado, líneas de división, etc.

- **ProtectSelection** (PortegerSelección):

    Verdadero para impedir la selección de elementos.

    HojaExcel.Application.ActiveChart.**ProtectSelection**=True

    Además de proteger el gráfico en sí, o alguna de sus partes, también podemos proteger el marco en el cual está contenido (objeto ChartObject) con su propiedad:

- **ProtectChartObject** (ProtegerObjetoGráfico):

    Protege el marco del gráfico contra cambios de tamaño, de posición y formato.

    HojaExcel.Worksheets(1).ChartObjects(1).**ProtectChartObject**=True

    A nivel general, para proteger una hoja de cálculo (**WorkSheet**) o un libro de trabajo (**WorkBook**) se usa el método **Protect**. Con una sola instrucción controlamos los distintos niveles de protección que hemos tratado anteriormente.

    Los argumentos del método Protect aplicado a hojas de cálculo (WorkSheet) o a gráficos (Chart) son:

    HojaExcel.Worksheets(1). **Protect** Password, DrawingObjects, Contents, _
    Scenarios, UserInterfaceOnly

    El Password es la palabra clave utilizada para proteger el documento. DrawingObjects (Formas), Contents (Contenidos) y Scenarios (Escenarios) si son verdaderos sirven para proteger las formas, las celdas y los escenarios contenidos en la hoja de cálculo. UserInterfaceOnly para proteger el documento contra las acciones de usuario pero no las automatizaciones Macro. Si le asignamos un valor Falso protegeremos también las macro.

    El método Protect aplicado a un libro sigue el siguiente formato:

    HojaExcel.ActiveWorBook.**Protect** Password, Structure, Windows

    Structure (Estructura) conserva la misma disposición de las hojas dentro del libro, y Windows (Ventanas) protege las ventanas contra cualquier cambio.

Nos queda añadir la instrucción que permite visualizar el gráfico preliminar:

HojaExcel.Application.ActiveChart.**PrintPreview**

End Function

Después de realizar estas modificaciones, el resultado final será parecido a:

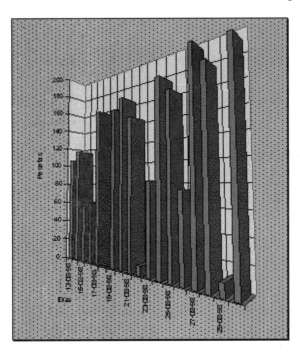

A modo de resumen aquí se presenta el listado completo de la función Ampliación3D():

```
Public Function Ampliación3D()
  HojaExcel.Application.ActiveSheet.DrawingObjects("Gráfico 1").Select
  HojaExcel.Application.ActiveSheet.ChartObjects("Gráfico 1").Activate

  HojaExcel.Application.ActiveChart.PlotArea.Select
  With HojaExcel.Application.Selection.Interior
      .ColorIndex = 24
      .PatternColorIndex = 1
      .Pattern = 18
  End With

  With HojaExcel.Application.ActiveChart.ChartGroups(1)
      .SubType = 1
      .AxisGroup = 1
      .VaryByCategories = False
  End With
```

```
With HojaExcel.Application.ActiveChart
    .GapDepth = 20
    .DepthPercent = 460
    .Elevation = -5
    .Perspective = 70
    .Rotation = 40
    .RightAngleAxes = False
    .AutoScaling = True
End With

HojaExcel.Application.ActiveChart.PrintPreview

End Function
```

ANÁLISIS DE DATOS MEDIANTE GRÁFICOS

En los capítulos anteriores hemos visto cómo se pueden modificar los gráficos, escoger el tipo, variar la presentación, los colores, el formato, etc. sin entrar a considerar su función específica, la de representar datos.

Dependiendo del tipo de datos a analizar, será mejor representarlos en un gráfico de barras si la variable es cualitativa (no numérica), en un polígono de frecuencias si es cuantitativa (numérica), etc. De cada tipo de gráficos además podremos escoger un subtipo de gráfico que nos ayude mejor a presentar un determinado informe. Así del gráfico de barras, existen los subtipos: *barras apiladas, barras comparadas, pirámide de barras...*

La finalidad del gráfico es proporcionarnos la máxima información de una forma clara y precisa.

En muchos casos la información no es fiable al 100%, debido al tipo de información que tratamos (número medio de hojas que tiene un árbol) o cómo conseguimos dicha información (encuestas). Por ello es conveniente reflejar estas pequeñas incorrecciones mediante una **barra de error** que situaremos en el gráfico.

En función del tamaño de la barra aquel gráfico será más o menos fiable. Ya veremos los distintos tipos de barras error que podemos poner.

También, en función de la evolución temporal que experimenta un determinado gráfico, se pueden **extrapolar** (predecir) resultados. Esta propiedad justifica la predicción de acontecimientos en un futuro próximo. Por ejemplo, si observamos que las ventas de un determinado producto van creciendo mes a mes linealmente, podremos extrapolar el resultado obtenido en los meses venideros. Habrá gráficos que crecen linealmente, otros geométricamente, etc. (lo trataremos más adelante).

Finalmente en este capítulo aprenderemos a crear gráficos con más de una información en cada eje, o los llamados **gráficos de múltiples niveles**.

Son muy útiles cuando tenemos más de dos series para representar gráficamente.

AGREGAR BARRAS DE ERROR

Cuando representamos los datos en un gráfico, ya hemos dicho que normalmente es conveniente indicar el margen de error, o bien el margen de fiabilidad de los mismos.

La manera de hacerlo es utilizando distintos criterios. El más simple consiste en indicar un *valor fijo* en cada barra del gráfico, de esta manera el error cometido será independiente del conjunto de valores. Por ejemplo, en una encuesta, las respuestas posibles son: *Bien*, *Mal*, *Regular*; podemos decir que unas 10 personas no han contestado honestamente, por lo tanto a cada respuesta de la encuesta añadiremos una barra de error de valor fijo 10, independientemente de si hay 230 respuestas de *Bien*, 500 de *Mal* y 20 de *Regular*.

Un criterio más acertado para indicar el error producido sería colocar la barra de error en función del número total de respuestas. Variaría en función del *porcentaje*. Para el ejemplo anterior, si suponemos que un 5% de la gente no contesta honestamente, la barra de error para las respuestas *Bien* valdría 11.5, las *Mal* 25 y las *Regular* 1.

Además del tipo de error más común (fijo o porcentaje), también podemos elegir sólo la barra de error por defecto, por exceso o ambas. La apariencia de la barra será parecida a:

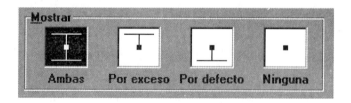

Vamos a crear una aplicación de ejemplo de este punto del capítulo.

Supongamos que una parte del proyecto del programa de gestión para una empresa automovilística consiste en reflejar las ventas de coches durante el primer semestre del año. Con el programa de *Visual Basic* se han calculado los datos y ahora queremos utilizar la aplicación *Excel* para representarlos en un gráfico, junto con la barra de error correspondiente.

Recordar siempre que hay que introducir dentro de la aplicación la biblioteca de *Microsoft Excel* mediante el submenú referencias del menú Proyecto de *Visual Basic* 6. Si no se introduce, la aplicación no reconocerá las instrucción propias de *Excel*.

Abriremos una nueva aplicación V.B y introduciremos los controles:

Control	Propiedad	Valor
From1	Caption	Barras de Error
CommandButton	Name	BarrasError
	Caption	Ventas 1er Semestre
CommandButton	Name	Salir
	Caption	Salir

Una vez definido el formulario, pulsaremos F7 y aparecerá la ventana de código donde escribiremos las instrucciones para definir la tabla y sus valores:

```
Option Explicit
Public HojaExcel As Object

Private Sub BarrasError_Click()
Set HojaExcel = CreateObject("Excel.Sheet")
HojaExcel.Application.Visible = True
HojaExcel.Application.Caption = "Barras de Error"
```

La propiedad **Caption** cambia el nombre de la aplicación Excel por el de *"Barras de Error"*.

```
' Introducimos los títulos de la tabla

HojaExcel.Cells(1, 1).Value = "VENTAS 1er SEMESTRE"
HojaExcel.Cells(3, 1).Value = "Mes"
HojaExcel.Cells(3, 2).Value = "Ventas"
HojaExcel.Range("A3:B3").Font.Bold = True   ' Negrita

' Introducimos los valores de la tabla

HojaExcel.Cells(4, 1).Value = "Enero"
HojaExcel.Cells(5, 1).Value = "Febrero"
HojaExcel.Cells(6, 1).Value = "Marzo"
HojaExcel.Cells(7, 1).Value = "Abril"
HojaExcel.Cells(8, 1).Value = "Mayo"
HojaExcel.Cells(9, 1).Value = "Junio"

HojaExcel.Cells(4, 2).Value = "70"
HojaExcel.Cells(5, 2).Value = "150"
HojaExcel.Cells(6, 2).Value = "180"
HojaExcel.Cells(7, 2).Value = "160"
```

```
HojaExcel.Cells(8, 2).Value = "200"
HojaExcel.Cells(9, 2).Value = "100"

HojaExcel.Range("A3:B9").HorizontalAlignment = xlHAlignCenter 'Texto centrado
' introducimos el gráfico

HojaExcel.Application.ActiveSheet.ChartObjects.Add(100, 100, 267, 259).Select

HojaExcel.Application.ActiveChart.ChartWizard HojaExcel.Application.Range("A4:B9"), _
    xlColumn, 6, , 1, 0, 2, "Evolución Ventas", "Meses", "Coches"

HojaExcel.Application.ActiveSheet.ChartObjects("Gráfico 1").Activate
HojaExcel.Application.ActiveChart.SeriesCollection(1).Select
HojaExcel.Application.ActiveChart.SeriesCollection(1).ErrorBar xlY, xlBoth, xlPercent, 5

HojaExcel.Application.ActiveChart.PrintPreview
End Sub
```

Todas las instrucciones utilizadas anteriormente ya están explicadas, excepto el objeto **SeriesCollection** (Series) que trabaja con las propiedades de las series de datos definidos en el gráfico. En el resultado final, estas series aparecen marcadas con un punto en cada barra. Un método de este objeto son las barras de error **ErrorBar** (BarrasError). Para definir este método es necesario trabajar con los parámetros:

ErrorBar haciaDónde, incluir, tipo, cuantía, valoresPorDefecto

- **haciaDónde:**

Opcional. Especifica la dirección de la barra de error (puede ser xlX o xlY; X se encuentra disponible sólo para gráficos de dispersión). Si es omitido, las barras de error se aplican en la dirección Y.

- **incluir:**

Opcional. Especifica qué partes de la barra de error serán incluidas (una de las siguientes: por defecto, por exceso o ambas). Si es omitido ambas barras de error son incluidas.

- **tipo:**

Opcional. Especifica el tipo de barra de error: xlFixedValue (Valor Fijo), xlPercent (Porcentaje), xlErrorHandler (Error Típico) o xlPersonalizar.

- **cuantía:**

Opcional. Especifica la cantidad de error. Usada sólo para la cantidad de error positiva cuando tipo = xlPersonalizar.

- **valoresPorDefecto:**

    Opcional. Especifica la cantidad negativa de error cuando tipo = xlPersonalizar.
    En nuestro caso queremos ambas barras de error y elegimos el tipo porcentaje con un valor del 5%.

    El resultado final aparecerá como:

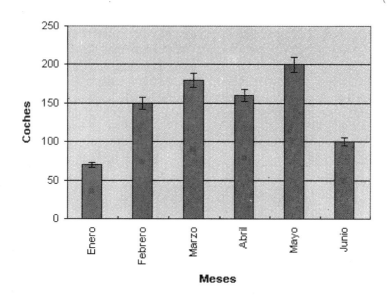

Una propiedad del objeto Series (**SeriesCollection**) que el lector podría utilizar es **MarkerStyle** (EstiloMarcador). Esta propiedad define el tipo de marca que señala la serie, en nuestro caso por defecto vemos que es un punto (ver arriba). También pueden ser:

Valor	Significado
xlAutomático	Marcadores automáticos
xlCírculo	Marcadores circulares
xlCruz	Marcadores cuadrados con un signo más
xlCuadrado	Marcadores cuadrados
xlEstrella	Marcadores cuadrados con un asterisco
xlImagen	Marcadores de imagen
xlNinguno	Sin marcadores
xlPunto	Marcadores de barra corta
xlRaya	Marcadores de barra larga
xlRombo	Marcadores con forma de diamantes
xlTriángulo	Marcadores triangulares
xlX	Marcadores cuadrados con una X

Si quisiéramos añadir una nueva serie en el gráfico, sería posible sólo con usar el método **NewSeries**:

HojaExcel.Application.ActiveChart.SeriesCollection.**NewSeries**

AGREGAR UNA LÍNEA DE TENDENCIA

Una línea de tendencia sirve para extrapolar valores entre datos conocidos. Por ejemplo, si conozco lo que sucede a la economía española cada dos años, podré extrapolar lo sucedido cada año, consiguiendo un valor fiable pero NO real. De esta manera, a partir de unos datos conocidos podremos evaluar lo acontecido *antes*, *durante* y *después*. La capacidad de predicción que conseguimos extrapolando datos es una herramienta muy útil para hacer predicciones más o menos fiables.

No todos los gráficos se comportan de la misma manera, hay algunos que evolucionan linealmente, otros exponencialmente, logarítmicamente etc... La línea de tendencia ha de elegirse del mismo tipo que la evolución del gráfico.

Aquí vemos algunos ejemplos de la aproximación por regresión de los valores (puntos) que tenemos:

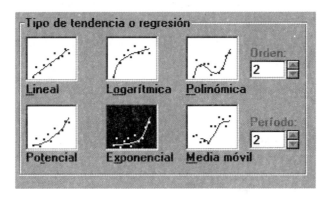

En cada caso se puede ver que la *línea de regresión* se aproxima bastante a los valores. El lector puede pensar qué sucedería si en cada caso se cambiara una aproximación (por ejemplo lineal) por otra (geométrica), la predicción en uno u otro caso, ¿sería fiable?

• ¿Cómo sabemos si la aproximación que hemos elegido para aproximar nuestros datos es la más correcta o no?

Una manera no muy precisa es a ojo. Otra más fiable consiste en utilizar la **razón** de regresión (**R**). Este parámetro varía entre 0 y 1. Cuanto más se acerque a 1, más acertada habrá sido nuestra aproximación, y por el contrario cuanto más se acerque a 0 más nos alejaremos de la aproximación correcta.

Un procedimiento correcto para aproximar nuestras series de datos consiste en probar inteligentemente un par de aproximaciones y comparar el valor de la razón. El que más se acerque a 1 será el elegido.

Otra opción útil es la de incorporar dentro del gráfico la expresión matemática de la línea de tendencia.

- Como caso práctico, simularemos que somos sociólogos y queremos estudiar la evolución del SIDA desde su aparición en España. Crearemos la tabla de evolución y en base a ella dibujaremos una línea de tendencia que extrapole los resultados a los años siguientes.

Utilizaremos la aplicación anterior a la que añadiremos un nuevo control botón y modificaremos los títulos así:

Control	Propiedad	Valor
From1	Caption	Barras de Error y Líneas de Tendencia
CommandButton	Name	Tendencia
	Caption	Evolución del SIDA

Al hacer doble click encima del botón "Evolución del SIDA" aparecerá el procedimiento Private Sub Tendencia_Click() en el que escribiremos:

```
Set HojaExcel = CreateObject("Excel.Sheet")
HojaExcel.Application.Visible = True
HojaExcel.Application.Caption = "Línias de Tendencia"

' Introducimos los títulos de la tabla

HojaExcel.Cells(1, 1).Value = "EVOLUCIÓN DEL SIDA EN ESPAÑA"
HojaExcel.Cells(3, 1).Value = "Año"
HojaExcel.Cells(3, 2).Value = "Casos"
HojaExcel.Range("A3:B3").Font.Bold = True
```

Hemos escrito los títulos de la hoja de cálculo en negrita. Ahora introduciremos los valores de la tabla. En la primera columna usaremos la conocida serie de datos para llenar los años del 81 al 87.

```
' Introducimos los valores de la tabla

HojaExcel.Cells(4, 1).Value = "81"
HojaExcel.Range("A4:A10").Select
HojaExcel.Application.Selection.DataSeries , xlLinear

HojaExcel.Cells(4, 2).Value = "1"
HojaExcel.Cells(5, 2).Value = "6"
```

HojaExcel.Cells(6, 2).Value = "17"
HojaExcel.Cells(7, 2).Value = "46"
HojaExcel.Cells(8, 2).Value = "164"
HojaExcel.Cells(9, 2).Value = "437"
HojaExcel.Cells(10, 2).Value = "624"

HojaExcel.Range("A3:B10").HorizontalAlignment = xlCenter

Ya tenemos el código escrito para definir la tabla. El siguiente paso consiste en representar estos datos mediante un gráfico de dispersión **xlXYScatter** (puntos en el sistema de coordenadas). Es el gráfico más claro para representar líneas de tendencia.

' introducimos el gráfico

HojaExcel.Application.ActiveSheet.ChartObjects.Add(136, 27, 225, 200).Select

HojaExcel.Application.ActiveChart.ChartWizard HojaExcel.Application.Range("A4:B10"), _
   xlXYScatter, 1, , 1, 0, 2, "Evolución SIDA", "Año", "Casos"

HojaExcel.Application.ActiveSheet.ChartObjects("Gráfico 1").Activate

HojaExcel.Application.ActiveChart.**SeriesCollection**(1).Select

HojaExcel.Application.ActiveChart.SeriesCollection(1).**Trendlines**.Add   Type:=xlExponential, _
   Order:=2, Period:=0, DisplayEquation:=True, DisplayRSquared:=True

End Sub

Como vemos en el código, volvemos a seleccionar la serie de datos para seguidamente añadir un línea de tendencia con el objeto **Trendlines**, el cual tiene el método agregar **Add**. Para definir la línea de tendencia deseada hay que determinar los parámetros de este método:

> **Add** tipo, orden, período, reenviar, haciaAtrás, intersecciónEje, presentarEcuación, presentarRCuadrado, nombre

- **tipo:**

Opcional. Especifica el tipo de la línea de tendencia (uno de los siguientes: xlLineal, xlLogarítmica, xlExponencial, xlPolinómica, xlMediaMóvil o xlPotencial). Si se omite, por configuración predeterminada es xlLineal.

- **orden:**

Requerido si el tipo es xlPolynomial (xlPolinómica). Especifica el orden de la línea de tendencia (polinomio de grado 2, 3 etc). Debe ser un entero entre dos y seis, ambos inclusive.

- **período:**

Requerido si el tipo es xlMovingAvg (xlMediaMóvil). Especifica el período de la línea de tendencia. Debe ser un entero mayor que uno y menor que el número de datos de la serie a la que está añadiendo la línea de tendencia.

- **reenviar:**

Opcional. Fija el número de períodos (o unidades en un gráfico de dispersión) que la línea de tendencia proyecta hacia adelante. Extrapola valores para el futuro.

- **haciaAtrás:**

Opcional. Fija el número de períodos (o unidades en un gráfico de dispersión) que la línea de tendencia proyecta hacia atrás. Extrapola valores para el pasado.

- **intersecciónEje:**

Opcional. Asigna la intersección del eje con la línea de tendencia. Si se omite, la intersección es establecida automáticamente por la regresión.

- **presentarEcuación:**

Opcional. Verdadero si se muestra la ecuación de la línea de tendencia en el gráfico (con el mismo rótulo de datos que tenga el valor de **R** al cuadrado).

- **presentarRCuadrado:**

Opcional. Verdadero si se muestra en el gráfico el valor de la razón de regresión **R** al cuadrado de la línea de tendencia (con el mismo rótulo de datos que tenga la ecuación).

- **nombre:**

Opcional. Especifica el nombre de la línea de tendencia como texto. Si se omite este argumento, se usa un nombre generado de forma automática.

En nuestro caso hemos seleccionado una línea de regresión exponencial y extrapolado valores para los dos años venideros.

En el gráfico puede observarse cómo el valor de la razón se aproxima mucho a 1 (vale 0,9778), lo que quiere decir que es acertada la elección de la aproximación exponencial.

Por lo tanto, la predicción del aumento exponencial de casos de SIDA es bastante fiable.

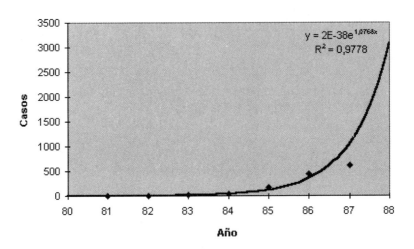

El programador de *Visual Basic* puede utilizar la multitud de recursos gráficos que nos brinda la aplicación *Excel* para presentar informes de una forma clara y profesional.

NIVELES MÚLTIPLES DE DATOS EN UN GRÁFICO

Cuando tenemos más de una columna de datos para representar gráficamente, muchas veces no sabemos cómo seleccionar los datos. Se presenta ante nosotros un problema de datos múltiples (más de dos). Para solucionar este problema tendremos que situar la información de dos o más columnas en un solo eje, y añadir una leyenda explicativa. Todo para que el gráfico resultante continúe siendo claro y fácil de interpretar.

La aplicación ejemplo de este apartado consistirá en representar en un gráfico la evolución armamentística (inventada) de las dos potencias mundiales. Para ello ejecutaremos la aplicación *Excel* desde *Visual Basic*. Con el fin de ahorrar al lector trabajo innecesario, introduciremos en el formulario de la aplicación anterior un nuevo botón definido:

Control	Propiedad	Valor
CommandButton	Name	Múltiples
	Caption	Crecimiento Armamentístico

Después de realizar estas modificaciones el formulario se parecerá a:

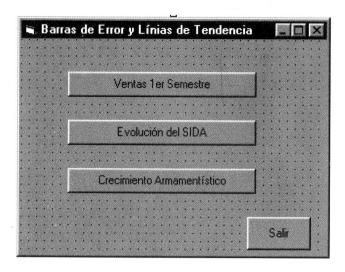

Hagamos doble click encima del botón y programemos los cambios deseados:

```
Private Sub Múltiples_Click()
Dim n As Integer

Set HojaExcel = CreateObject("Excel.Sheet")
HojaExcel.Application.Visible = True
HojaExcel.Application.Caption = "Niveles Múltiples"

' Títulos
HojaExcel.Cells(1, 2).Value = "Evolución armamentística"
HojaExcel.Cells(3, 1).Value = "Año"
HojaExcel.Cells(3, 2).Value = "País"
HojaExcel.Cells(3, 3).Value = "Barcos"
HojaExcel.Cells(3, 4).Value = "Aviones"
HojaExcel.Range("A1:D3").Font.Bold = True
```

En nuestro gráfico hay cuatro columnas, cuatro series de datos (*Año, País, Barcos, Aviones*) que tendremos que representar conjuntamente.

El paso siguiente después de introducir los títulos en negrita, será escribir los valores de cada columna de datos:

```
' Datos 1ª Columna
HojaExcel.Cells(4, 1).Value = "92"
```

```
HojaExcel.Cells(6, 1).Value = "93"
HojaExcel.Cells(8, 1).Value = "94"

' Datos 3ª y 4ª Columnas
Do While n < 6
  HojaExcel.Cells(4 + n, 3).Value = Int(30 * Rnd(n + 1))
  HojaExcel.Cells(4 + n, 4).Value = Int(30 * Rnd(n + 1))
  n = n + 1
Loop

' Datos 2ª Columna
n = 0
Do While n < 3
  HojaExcel.Cells(4 + 2 * n, 2).Value = "URSS"
  HojaExcel.Cells(5 + 2 * n, 2).Value = "EEUU"
  n = n + 1
Loop
```

En la 3ª y 4ª columna los valores para los barcos y aviones son completamente aleatorios, creamos un bucle con la instrucción **Do While / Loop** .

En la 2ª columna, en las posiciones pares escribimos **URSS**, y en las impares **EEUU**.

```
HojaExcel.Range("A1:D9").HorizontalAlignment = xlCenter

' introducimos el gráfico

HojaExcel.Application.ActiveSheet.ChartObjects.Add(150, 120, 567, 259).Select

HojaExcel.Application.ActiveChart.ChartWizard HojaExcel.Application.Range("A3:D9"), _
    xlColumn, 6, , 2, 1, 1, "", "", ""

End Sub
```

El paso principal que permitirá escribir dos series de datos en el eje de las abscisas consiste en dar al parámetro **rótulosAbscisas** del objeto **ChartWizard** (asistente de gráficos) el valor **2** (dos séries) y al parámetro **rótulosSerie** el valor **1** (una serie en el eje de las ordenadas).

De esta forma tenemos las dos primeras columnas representadas en el eje de abscisas conjuntamente, y las otras dos mediante una sola serie, las tenemos representadas en el eje de las ordenadas. Al añadir la leyenda quedará definido cual es cada una.

El resultado del ejemplo anterior será una gráfica parecida a ésta:

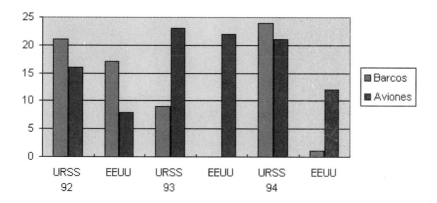

La gráfica se presenta simple y fácil de comprender, tal como tiene que ser.

CAPÍTULO 7

ORGANIZAR LOS DATOS DE UNA HOJA EXCEL

Las dos funciones más útiles o principales de una hoja Microsoft Excel son: Organizar los datos en una hoja para crear informes y representarlos gráficamente. El segundo punto ya lo hemos tratado anteriormente, y ahora veremos cuáles son los métodos de que dispone la aplicación Excel para organizar los datos de una tabla.

Normalmente, cuando estamos trabajando con datos en una tabla de Excel, los vamos introduciendo a medida que los obtenemos. Por ejemplo, si somos los encargados de controlar las mercancías que salen de nuestra empresa, entonces en una tabla formada por los campos (Fecha, Código, Mercancía, Destinatario) iremos introduciendo los datos a medida que vayan saliendo paquetes. Evidentemente los datos que formarán la tabla estarán completamente desordenados. Por ello, será de gran utilidad saber organizarlos de manera que la lectura sea mucho más rápida y los informes presentados más claros.

Las herramientas básicas que nos proporciona Microsoft Excel son: Ordenar columnas de datos, filtros y subtotales.

Como en los casos anteriores crearemos una aplicación en Visual Basic, a partir de la cual se generará una tabla de datos que ordenaremos y filtraremos utilizando las herramientas de Microsoft Excel.

ORDENAR COLUMNAS DE DATOS

Supongamos que tenemos una inmobiliaria en la cual cada día se añaden nuevos inmuebles a la base de datos. Para simplificar mucho los cálculos, consideraremos que de cada inmueble sólo anotamos el tipo, el valor y la fecha de antigüedad.

En la aplicación que crearemos para simular la tabla de todos los inmuebles, escogeremos los valores de cada campo de una forma completamente aleatoria. Los resultados aleatorios que salen, los guardaremos en matrices para utilizarlos tanto en el formulario, como en la hoja de Excel.

Abrimos una nueva aplicación Visual Basic (con la referencia a la *Biblioteca de Microsoft Excel*), a la que añadimos los controles y el menú:

Control	Propiedad	Valor
Form1	Caption	Inmobiliaria
ListBox	Font	Courier
Menú	Caption	Salir
	Name	Salir
	Caption	Filtros
	Name	Filtros
	Caption	Filtro Automático
	Name	FiltroAuto
	Caption	Filtro Complejo
	Name	FiltroComp
	Caption	Operaciones
	Name	Operaciones
	Caption	Ordenar
	Name	Ordenar
	Caption	-
	Name	x
	Caption	Subtotales
	Name	Subtotales

Una vez introducidas todas las instrucciones del menú, la ventana de menús debe parecerse a:

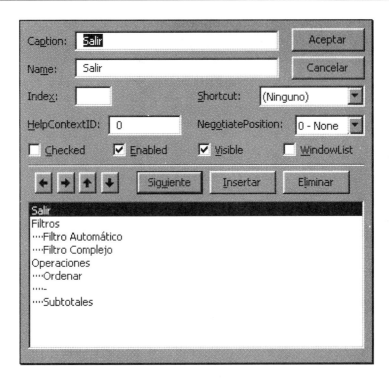

Queremos que al iniciar la aplicación se cree una tabla tanto en el formulario como en la hoja de cálculo Microsoft Excel. Cuando arrancamos la aplicación, el suceso que actúa sobre el formulario es **Load** (cargar). Dentro de él escribiremos las siguientes líneas de código:

```
Private Sub Form_Load()
Dim n As Integer, valor As Integer
Dim a(1 To 20) As String, b(1 To 20) As Double, c(1 To 20) As String
Dim expresión As String, variable As String * 16, aux As String * 9

' Llenamos la lista
' Columna de Inmueble

For n = 1 To 20                ' Empieza el bucle para 20 términos
  Select Case Int(4 * Rnd(1))
      Case 1
        variable = "Piso"
      Case 2
        variable = "Casa"
      Case 3
        variable = "Nave Industrial"
  End Select

a(n) = variable
```

En las instrucciones precedentes, se han definido variables auxiliares para realizar cálculos o bucles de operaciones (**n** y **valor**), son enteros (**Integer**). Las variables tipo Integer se almacenan como números de 16 bits (2 bytes) con valores que van de -32.768 a 32.767.

Si una variable ha de contener valores que ocupen más de 2 bytes, la definiremos de tipo **Double** (coma flotante y precisión doble) de coma flotante de 64 bits (8 bytes) con valores de -1,79769313486232E308 a -4,94065645841247E-324 para valores negativos y de 4,94065645841247E-324 a 1,79769313486232E308 para valores positivos.

Al definir una matriz **a(1 To 20)** especificamos que los índices de la matriz van de 1 hasta 20.

Finalmente, definimos variables de tipo cadena **String**. Hay dos clases de cadenas: cadenas de longitud variable y cadenas de longitud fija. Las primeras, las de longitud variable pueden contener hasta 2.000 millones de caracteres (2^31) y las cadenas de longitud fija pueden contener de 1 a 64 KB (2^16) caracteres. Para fijar la longitud de una cadena, la multiplicamos por el número de caracteres que ha de contener. Por ejemplo:

>String * **16**   (tiene siempre 16 caracteres)

Las instrucciones que siguen a la definición de variables permiten que aleatoriamente elijamos una casa, un piso o una nave industrial. Almacenamos el resultado en la matriz **a(n)**.

Seguimos con la segunda columna de datos:

```
' Columna de Venta

b(n) = Int(10000000 * Rnd(1))      ' Precio al azar entre 0 y 10.000.000 pts
aux = b(n)
expresión = variable & " " & aux
```

La variable **expresión** va acumulando en una sola línea las variables anteriores, para poderlas escribir en la lista de nuestro formulario. El símbolo **&** sirve para encadenar variables del tipo **String**.

```
'Columna Fecha

c(n) = Str(Int(100000 * Rnd(1)))
c(n) = Format(c(n), "dd/mm/yy")

expresión = expresión & " " & c(n)
```

'añadimos a la lista
List1.AddItem expresión
Next n

Un procedimiento útil para generar fechas al azar consiste en escoger un valor aleatorio y darle el formato de fecha con la función **Format**.

Format(c(n), "dd/mm/yy")

Con este formato, el número contenido en la matriz c(n), lo transforma en "día/mes/año ".

Probemos a ejecutar la aplicación pulsando F5. El resultado debería ser:

```
Inmobiliária
Salir  Filtros  Operaciones

Casa               5334240    29/08/58
Piso               3019480    11/02/12
Piso               7607235    30/12/22
Casa               453527     09/05/13
Nave Industrial    7904800    07/04/02
Nave Industrial    8714458    24/05/15
Nave Industrial    3640186    12/09/43
Nave Industrial    535045     15/03/62
Piso               2981654    25/06/70
Casa               2637929    23/06/76
Nave Industrial    8246021    20/04/61
Nave Industrial    9109643    09/02/62
Casa               9800032    13/10/66
Casa               1063696    16/08/73
Casa               157039     22/06/57
Casa               1030226    21/09/18
Piso               456491     22/12/80
Piso               3009704    15/09/59
Nave Industrial    4013743    08/03/76
Nave Industrial    1628215    08/01/77
```

Ahora añadimos estos datos en una hoja de Excel:

' Copiamos estos datos en una Hoja de Cálculo

Set HojaExcel = CreateObject("Excel.Sheet")
HojaExcel.Application.Visible = True

' introducimos los Títulos en la tabla

HojaExcel.Cells(1, 1).Value = "Inmuebles"

```
HojaExcel.Cells(1, 2).Value = "Precio de Venta"
HojaExcel.Cells(1, 3).Value = "Antigüedad"

HojaExcel.Range("A1:B1").ColumnWidth = 20
HojaExcel.Range("A1:C1").Font.Bold = True

' Introducimos los datos

For n = 1 To 20
  HojaExcel.Cells(1 + n, 1).Value = a(n)
  HojaExcel.Cells(1 + n, 2).Value = b(n)
  HojaExcel.Cells(1 + n, 3).Value = c(n)
Next n

HojaExcel.Range("A1:C21").HorizontalAlignment = xlCenter

End Sub
```

Ya tenemos los datos escritos en la hoja de cálculo.

Si el usuario quiere ordenar los datos por inmuebles y dentro de cada tipo de inmueble según el precio de venta, utilizaremos la función **Sort** (ordenar). El código necesario lo escribiremos en el suceso **Ordenar** dentro del menú **Operaciones**:

```
Private Sub Ordenar_Click()

' Ordenamos la primera columna y subordenamos la segunda

    HojaExcel.Range("A2:C21").Sort HojaExcel.Application. _
                ActiveCell.Range("A1"), xlAscending, HojaExcel. _
                Application.ActiveCell.Range("B1")
End Sub
```

Seleccionamos los datos de la tabla y aplicamos el método Ordenar (**Sort**):

Sort *criterio1, orden1, criterio2, tipo, orden2, criterio3, orden3, encabezado, ordenPersonalizado, coincidirMayMin, orientación*

Los parámetros que podemos modificar para ordenar nuestros datos son:

- **criterio:**

Este parámetro es obligatorio. Me indica el primer campo a ordenar. En nuestro caso será el campo *inmuebles* que ocupa la primera columna (*A1*). Si no definiéramos más parámetros, los datos se ordenarían alfabéticamente en orden ascendente (Puede probarlo).

- *orden1*:

    Opcional. Sólo tengo dos posibilidades: Si es xlAscendente (xlAscending) o si se omite, orden1 se ordena en orden ascendente. Si es xlDescendente (xlDescending), orden1 se ordena en orden descendente.

- *criterio2*:

    Opcional. Podemos definir un segundo campo a ordenar dentro del primer campo ya ordenado. El segundo campo a ordenar puede ser un texto (un campo dinámico o un nombre de rango) o un objeto Rango. Si se omite, no hay un segundo campo a ordenar. En nuestro ejemplo, el segundo campo es "Precio de Venta". Los datos de la tabla quedarán ordenados primero por inmuebles y dentro de cada inmueble, por el precio de venta.

    El resultado de ejecutar esta función Ordenar, tal como la tenemos, es:

A	B	C
Inmuebles	Precio de Venta	Antigüedad
Casa	157039	22/06/57
Casa	453527	05/09/13
Casa	1030226	21/09/18
Casa	1063696	16/08/73
Casa	2637929	23/06/76
Casa	5334240	29/08/58
Casa	9800032	13/10/66
Nave Industrial	535045	15/03/62
Nave Industrial	1628215	01/08/77
Nave Industrial	3640186	09/12/43
Nave Industrial	4013743	03/08/76
Nave Industrial	7904800	04/07/02
Nave Industrial	8246021	20/04/61
Nave Industrial	8714458	24/05/15
Nave Industrial	9109643	02/09/62
Piso	456491	22/12/80
Piso	2981654	25/06/70
Piso	3009704	15/09/59
Piso	3019480	02/11/12
Piso	7607235	30/12/22

- **tipo:**

    Opcional. Sólo se usa para ordenar tablas dinámicas. Especifica qué elementos se van a ordenar. Puede ser xlOrdenarValores o xlOrdenarRótulos.

- **orden2:**

    Opcional. Criterio de ordenamiento para criterio2 (xlAscendente o xlDescendente), si se omite, se asume xlAscendente.

- **criterio3:**

    Opcional. El tercer campo a ordenar puede ser un texto (un nombre de rango) o un objeto **Rango**. Lo usaremos cuando tengamos más de cuatro campos distintos. Nosotros ahora tenemos sólo tres, y si pusiéramos el tercer criterio para el tercer campo, los datos ya no lo podrían cumplir. Si se omite, no hay un tercer campo a ordenar.

- **orden3:**

    Opcional. Criterio de ordenamiento para criterio3 (xlAscendente o xlDescendente), si se omite, se asume xlAscendente.

- **encabezado:**

    Opcional. Si es xlSí (xlYes), la primera fila contiene encabezamientos (no es ordenada). Si es xlNo o se omite, no hay encabezamientos (la totalidad del rango es ordenada). Si es xlEstimar, Microsoft Excel estima si hay un encabezamiento y dónde está localizado si es que lo hay.

- **ordenPersonalizado:**

    Opcional. Desplazamiento entero en base-uno en la lista de ordenamientos personalizados. Si se omite, se usa el valor uno (Normal). En la mayoría de los casos valdrá 1.

- **coincidirMayMin:**

    Opcional. Si es *Verdadero*, el ordenamiento distingue mayúsculas de minúsculas. Si es *Falso*, el ordenamiento no distingue mayúsculas de minúsculas.

- **orientación:**

    Opcional. Si es xlDesdeArribaHaciaAbajo (xlTopToBottom) o si se omite, el ordenamiento se hace desde arriba hacia abajo (se ordenan filas). Si es xlIzquierdaADerecha (xlLeftToRight), el ordenamiento se hace de izquierda a derecha (se ordenan columnas).

FILTRAR UNA LISTA CON LA INSTRUCCIÓN FILTRO AUTOMÁTICO

El comando Filtro, en general, sirve para escoger unos determinados valores de la tabla que cumplan un mismo criterio. Cuando el filtro es automático, es la misma aplicación Microsoft Excel la que determina los criterios para filtrar los datos.

Simplemente selecciona todos los registros distintos de cada campo, y los pone a disposición del usuario en una columna debajo del título de campo.

Añadimos a la aplicación anterior el comando filtro automático, para entender fácilmente su funcionamiento.

En el submenú *Filtro Automático* del menú *Filtros*, escribimos el código siguiente para añadirlo:

```
Private Sub FiltroAuto_Click()
 HojaExcel.Range("A1:C21").AutoFilter 1, "Casa"
End Sub
```

El método Filtro Automático (**AutoFilter**) del objeto Rango (Range) tiene los argumentos:

FiltroAutomático campo, criterios1, operador, criterios2

• **campo:**

Requerido. La distancia en enteros del campo que servirá de criterio para filtrar (medida desde la izquierda de la lista; el campo ubicado en el extremo izquierdo es el campo uno). En nuestro caso utilizamos el primer campo para filtrar, al que le corresponde el valor 1.

• **criterios1:**

Opcional. Los criterios (una cadena de caracteres; por ejemplo "101"). Use "–" para hallar campos en blanco, "<>" para hallar campos con contenido. Si se omite este argumento, el criterio es Todos. El programador puede ejecutar esta instrucción sin poner criterios, y verá cómo en el filtro aparecen todos los registros distintos y los vacíos.

En nuestra aplicación hemos escogido los registros que sean del inmueble "Casa", con el resultado:

	A	B	C
1	Inmuebles	Precio de Venta	Antigüedad
2	Casa	157039	29/08/58
5	Casa	453527	05/09/13
11	Casa	1030226	23/06/76
14	Casa	1063696	13/10/66
15	Casa	2637929	16/08/73
16	Casa	5334240	22/06/57
17	Casa	9800032	21/09/18

- **operador:**

Opcional. Usado con criterios1 y criterios2 para construir criterios compuestos. Puede ser **xlY** (para juntar los criterios) o **xlOr** (que se cumpla uno o el otro criterio). Si se omite, se usa **xlY**.

- **criterios2:**

Opcional. El segundo criterio (una cadena de caracteres). Usado con criterios1 y operador para construir criterios compuestos.

FILTRAR DATOS APLICANDO CRITERIOS COMPLEJOS

Si con las instrucciones del filtro automático no tenemos suficientes operaciones para realizar los filtros deseados, aún tenemos la posibilidad de definir nuestros propios filtros.

En estos casos el programador tendrá que incluir las instrucciones de filtro en las celdas de la hoja de cálculo donde se quiere que actúe el filtro.

Por ejemplo, nosotros queremos que se seleccionen todos los inmuebles "*Nave Industrial*" que tengan una antigüedad del *1/01/60* al *30/12/98*. Para ello manipularemos la aplicación Excel desde V.B y añadiremos las condiciones de selección en las celdas de la hoja de cálculo. El resultado será:

Inmuebles	Antigüedad
Nave Industrial	>01/01/60
Nave Industrial	<30/12/98

El código necesario para introducir estas instrucciones en la hoja de Excel lo escribimos en el submenú *Filtro Complejo* del menú *Filtros*:

Private Sub FiltroComp_Click()

' Introducimos las condiciones de selección
HojaExcel.Cells(23, 1).Value = "Inmuebles"
HojaExcel.Cells(23, 2).Value = "Antigüedad"
HojaExcel.Cells(24, 1).Value = "Nave Industrial"
HojaExcel.Cells(25, 1).Value = "Nave Industrial"
HojaExcel.Range("B24:B25").**NumberFormat** = "dd/mm/yy"
HojaExcel.Cells(24, 2).Value = ">01/01/60"
HojaExcel.Cells(25, 2).Value = "<30/12/98"

Una vez definidas las condiciones de selección, operamos con el método Filtro Complejo (**AdvancedFilter**):

' Filtro Complejo
HojaExcel.Range("A2:C21").**AdvancedFilter xlFilterInPlace**, HojaExcel.Range("A23:B25"), False

End Sub

Los argumentos del método Filtro Complejo son:

FiltroAvanzado acción, rangoCriterios , copiarEnRango, únicos

- **acción:**

Argumento requerido. Especifica la operación de filtrado, puede ser xlFiltrarEnMismoLugar (**xlFilterInPlace**) o xlFiltrarEnOtroLugar (xlFilterInCopy). Filtrar en otro lugar, significa que el resultado del filtrado lo copia en un archivo, o en otra hoja de cálculo. Esta operación es útil cuando no queremos mezclar datos en una misma hoja de cálculo.

En nuestro ejemplo, el resultado del filtrado lo escribe en la misma hoja de cálculo.

- **rangoCriterios:**

Argumento opcional. Especifica el rango de celdas donde hay escrito el criterio de filtro. Si se omite, no hay criterio. En nuestra aplicación el rango es "A23:B25".

- **copiarEnRango:**

Argumento requerido si la acción es **xlFiltrarEnOtroLugar** (xlFilterInCopy), de lo contrario se ignora. Aquí se especifica el rango de celdas donde hay que copiar el resultado del filtrado.

- **únicos:**

Opcional. Si este argumento es *Verdadero* significa que escribe sólo registros únicos, *Falso* significa que escribe todos los registros que cumplen el criterio. Si se omite, se asume *Falso*.

Si ejecutamos el submenú *Filtro Complejo*, obtendremos un resultado parecido (no igual debido a la aleatoriedad de los datos) a:

	A	B	C
1	Inmuebles	Precio de Venta	Antigüedad
6	Nave Industrial	7904800	04/07/92
8	Nave Industrial	3640186	09/12/93
13	Nave Industrial	9109643	02/09/62
20	Nave Industrial	4013743	03/08/76
21	Nave Industrial	1628215	01/08/77
22			
23	Inmuebles	Antigüedad	
24	Nave Industrial	>01/01/1960	
25	Nave Industrial	<30/12/1998	

AGREGAR SUBTOTALES A UNA LISTA DE DATOS

Una utilidad básica a la hora de crear informes es la instrucción Subtotales. Con ella podemos crear automáticamente resúmenes de hojas de datos, con lo que la lectura de los mismos se hace más clara y rápida de comprender.

Con la función Subtotales, sumaremos, contaremos, promediaremos, etc. columnas de datos. Además, al crear subtotales de distintos órdenes, podremos ir generalizando los resultados, de unos datos concretos a resultados generales de explotación.

En resumen: la función Subtotales nos ahorrará la rutinaria faena de ir creando al final de cada columna de datos un cómputo, como puede ser una suma (el más común) o el valor máximo de la misma, contar el número de datos...

Para dominar completamente el funcionamiento de esta función, añadiremos una instrucción más a la aplicación anterior.

En el submenú **Subtotales**, del menú **Operaciones**, escribiremos el código que permitirá contar los distintos tipos de inmuebles que tenemos en nuestra tabla de datos. Veremos que una vez tengamos los subtotales será muy sencillo contarlos por separado o conjuntamente:

Private Sub Subtotales_Click()

```
' Ordenamos los datos
HojaExcel.Range("A2:C21!").Sort HojaExcel.Application.ActiveCell.Range("A1"), _
    xlAscending, _HojaExcel.Application.ActiveCell.Range("B1")
' Creamos los subtotales
HojaExcel.Range("A1:C21").Subtotal 1, xlCount, Array(3), True, False, True
End Sub
```

Lo primero que hacemos es ordenar los datos como ya vimos en el apartado 2.7.1. A continuación añadimos los subtotales con la función **Subtotal**.

Subtotal *agruparPor, función, listaTotales, reemplazar, saltosPágina, _
    resumenDebajoDeDatos*

Expliquemos para qué sirve cada argumento:

- **agruparPor:**

Argumento requerido. Define el campo que domina (principal) la tabla. En nuestro caso el campo principal es "*Inmuebles*", que ocupa la primera posición comenzando por la izquierda, por eso recibe el valor **1**.

- **función:**

Argumento requerido. Aquí especificamos qué queremos calcular en los subtotales. Puede ser una de las siguientes operaciones: xlPromedio (xlMedium), xlCuenta (xlCount), xlCuentaValores (xlCountNums), xlMáx (xlMax), xlMín (xlMin), xlProducto (xlProduct), xlDesvEst, xlDesvEstP, xlSuma, xlVar o xlVarP.

- **listaTotales:**

Requerido. Una matriz de desplazamientos de campo en base-uno, indicando los campos en los que se van a sumar los subtotales. Quiere decir que si queremos obtener los subtotales en cada campo de la tabla, la matriz ha de valer 3, y escribimos **Array(3),** (Matriz(3)). En el resultado se verá claramente cómo se van añadiendo los subtotales en cada campo de la tabla.

- **reemplazar:**

Opcional. Si es *Verdadero*, se reemplazan los subtotales existentes. Si es *Falso* o si se omite, no se reemplazan los subtotales existentes.

- **saltosPágina:**

Opcional. *Verdadero* para crear saltos de página después de cada grupo. *Falso* o se omite si no se crean saltos de página.

- **resumenDebajoDeDatos:**

    Opcional. Si es xlAbajo (xlDown) o si se omite, el resumen va por debajo del detalle. Si es xlArriba (xlUp), el resumen va por encima del detalle.

    Al ejecutar el submenú *Subtotales* obtenemos:

	A	B	C
1	Inmuebles	Precio de Venta	Antigüedad
2	Casa	157039	22/06/57
3	Casa	453527	05/09/13
4	Casa	1063696	16/08/73
5	Casa	2637929	23/06/76
6	Casa	5334240	29/08/58
7	Cuenta Casa		5
8	Nave Industrial	535045	15/03/62
9	Nave Industrial	1628215	01/08/77
10	Nave Industrial	3640186	09/12/43
11	Nave Industrial	8246021	20/04/61
12	Nave Industrial	8714458	24/05/15
13	Nave Industrial	9109643	02/09/62
14	Cuenta Nave Industrial		6
15	Piso	456491	22/12/80
16	Piso	3009704	15/09/59
17	Piso	3019480	02/11/12
18	Piso	7607235	30/12/22
19	Cuenta Piso		4
20	Cuenta general		15

Puede apreciarse que en los subtotales aparecen números de inmuebles de cada tipo "**Cuenta Casa**", "**Cuenta Nave Industrial**","**Cuenta Piso**"... y debajo de todo el número total "**Cuenta general**".

En el margen izquierdo, el signo negativo quiere decir que las ventanas de subtotales están todas abiertas (se muestran todas).

Si pulsamos el número **2** del margen superior izquierdo (orden 2), se cerrarán las ventanas del nivel inferior (nivel 3) y aparecerá el signo **+**:

	A	B	C
1	Inmuebles	Precio de Venta	Antigüedad
7	Cuenta Casa		5
14	Cuenta Nave Industrial		6
19	Cuenta Piso		4
20	Cuenta general		15
21			

De esta manera es mucho más fácil leer los resultados. Si aún queremos simplificar los datos, podemos pulsar el número **1** del margen superior izquierdo, y comprobar que sólo aparece el número total de inmuebles que tenemos :

	A	B	C
1	Inmuebles	Precio de Venta	Antigüedad
20	Cuenta general		15
21			

TABLAS Y GRÁFICOS DINÁMICOS

En la versión de *Excel 2000* aparece una nueva herramienta destinada al tratamiento de datos mucho más potente que la que hemos descrito hasta el momento. Se trata de las tablas y gráficos dinámicos, que como su nombre indica, una vez creadas, la flexibilidad para mostrar resultados, resúmenes, etc. es total.

Las diferencias entre los informes de tablas o gráficos dinámicos y los normales radican en la facilidad para visualizar rápidamente distintos resúmenes de forma diferente, jugando con la disposición de los campos a representar. El formato se controla de igual manera tanto en un tipo como en otro.

Los gráficos normales tienen su origen de datos en las celdas de la hoja de cálculo, mientras que los dinámicos pueden no estar vinculados a las celdas, sino en listas y bases de datos de *Excel*, o en orígenes externos, como bases de datos de *Microsoft Access*.

Los gráficos normales por defecto están incrustados en la hoja de cálculo, mientras que los dinámicos se crean en nuevas hojas de gráficos, aunque se puedan incrustar si se desea en la misma hoja. El gráfico predeterminado para los normales es el de columnas agrupadas, que compara los valores de los distintos campos (columnas), en el dinámico es un gráfico de columnas apiladas que compara un valor determinado de un campo con el total del resto de campos.

Finalmente incidir en la relación total entre una tabla y un gráfico dinámico. La modificación de uno comporta la del otro inmediatamente, es más, no puede existir un gráfico dinámico sin una tabla dinámica (al contrario sí).

Para comprender en qué consiste un informe dinámico, ejecutaremos un ejemplo muy simple basado en datos completamente irreales de distintos modelos de coches (A, B, C, D, E, F), fijándonos en el color, consumo, cilindrada, potencia y precio.

Con los conocimientos que el lector tiene hasta el momento de la manipulación de *Excel* (recuerde la propiedad Value del objeto Range), puede generar una tabla en la hoja de cálculo parecida a:

	A	B	C	D	E	F
1			Coches			
2						
3	*Tipo*	*color*	*consumo (litros/100Km)*	*Cilindros*	*Potencia (C.V)*	*(Millones)*
4	A	azul	4,1	4	51	1,1
5	B	rojo	5	4	60	1,2
6	C	rojo	6,2	3	51	2
7	D	azul	5	4	65	2
8	E	amarillo	8	6	120	5
9	F	verde	15	12	250	7

El formato general de una tabla dinámica es:

```
+---------+----------------------+
| PAGINA  |       COLUMNA        |
+---------+----------------------+
|                                |
|         |                      |
|  FILA   |       DATOS          |
|         |                      |
|         |                      |
+---------+----------------------+
```

En la *columna* y *fila* colocaremos los campos que queremos cruzar para analizar el campo principal situado en *datos*. El campo *página* sirve para trabajar con bases de datos muy grandes, con las que recuperar todos los datos a la vez no resulta nada práctico y es preferible recuperar sólo los datos que se están analizando en este momento en el campo *datos*. Por defecto, *Excel* recupera todos los datos disponibles.

Una primera aplicación consistiría en analizar el consumo de los distintos coches (campo datos) cruzando el precio (campo columna) con el tipo de coche (campo fila).

El objeto que controla la tabla dinámica es **PivotTable**, perteneciente al objeto de conjunto **PivotTables**. A cada tabla dinámica le tenemos que asignar una memoria caché que será la encargada de controlar los datos de la tabla y sus respectivas modificaciones. Por ello, empezaremos con el objeto de conjunto **PivotCaches**.

Añadimos una nueva memoria caché de tabla dinámica con el método **Add** del objeto **PivotCaches**:

HojaExcel.Application.ActiveWorkBook.PivotCaches.**Add** SourceType, _
SourceData

- **SourceType**:

Este parámetro sirve para determinar el tipo de fuente de datos que queremos usar en la tabla dinámica. Pueden ser: xlDatabase (una lista o base de datos de Excel), xlExternal (datos de otra aplicación, por ejemplo Access), xlPivotTable (con el mismo origen de datos que otra tabla dinámica existente) y xlConsolidation (para distintos rangos de datos).

- **SourceData**:

Introducimos la ruta para localizar los datos de la memoria caché de la tabla dinámica. En el caso más común (xlDatabase) indicaremos las celdas donde se encuentran los datos que queremos analizar en la tabla. En el caso de una fuente externa (xlExternal) indicaremos la cadena de consulta SQL para filtrar los datos deseados.

Ahora ya hemos creado la memoria caché que contiene los datos de la tabla, pero ésta aún no existe, la crearemos con el método **CreatePivotTable**:

HojaExcel.Application.Range ("A3:F9").CreatePivotTable TableDestination, TableName

- **TablaDestination**:

Situación de la celda de la esquina superior izquierda en la hoja de cálculo donde queremos que se sitúe la tabla dinámica. Necesariamente ha de pertenecer a una hoja del libro de trabajo que contiene la memoria caché (PlvotCache) de la tabla.

- **TablaName**:

Nombre de la nueva tabla dinámica.

Una vez creada la tabla, procedamos a diseñarla para analizar los datos. El primer método del objeto PivotTable que usaremos será **AddFields** (añadir campos), con el cual decidiremos qué campos colocar en las filas y las columnas de la tabla.

HojaExcel.Application.ActiveSheet.PivotTable("Tabla dinámica1").**AddFields** _
RowFields, ColumnFields, PageFields, AddToTable, AppendField

- **RowFields**:

    Nombre del campo que se añadirá como fila en la tabla dinámica.

- **ColumnFields**:

    Nombre del campo que agregaremos como columna en la tabla.

- **PageFields**:

    Nombre del campo que actuará de campo de página.

- **AddToTable**:

    Argumento boleano que sirve para añadir campos a la tabla dinámica. Verdadero para añadir sin sustituir los existentes, y falso para reemplazar los existentes por los nuevos campos. Por defecto será verdadero.

- **AppendFile**:

    Exactamente el mismo argumento anterior pero ahora aplicado a los gráficos dinámicos a cambio de la tabla dinámica. Por defecto también es Verdadero para añadir nuevos campos a los ya existentes.

En el caso de querer cambiar la ubicación de los distintos campos para obtener diferentes resúmenes, usaremos la propiedad **Orientation** del objeto PivotFields. Las constantes aceptadas son: xlColumnField (campo de columna), xlDataField (campo de datos), xlHidden (esconder el campo), xlPageField (campo de página) y xlRowField (campo de fila).

Por ejemplo, si quisiéramos que el campo *Tipo* fuera de columna, escribiríamos la orden:

```
HojaExcel.Application.ActiveSheet.PivotTables("Tabla dinámica1"). _
    PivotFields("Tipo"). Orientation=xlColumnField
```

Continuando con el ejemplo de los coches, codifiquemos *Visual Basic* para crear en *Microsoft Excel 2000* una tabla dinámica sencilla con el campo *Precio* en la columna, el *Tipo* en la fila y *Consumo* en datos.

Las líneas de código para asignar la memoria caché, crear la tabla y diseñarla como hemos descrito son:

```
HojaExcel.Application.ActiveWorkBook.PivotCaches.Add xlDatabase, _
    HojaExcel.Range("A3:F9").CreatePivotTable TableDestination:= _
    HojaExcel.Application.ActiveSheet.Cells(3,1), TableName:= "Tabla dinámica1"
HojaExcel.Application.ActiveSheet.PivotTables("Tabla dinámica1").AddFields _
    ColumnFields:= "Precio (Millones)", RowFields:= "Tipo"
HojaExcel.Application.ActiveSheet.PivotTables("Tabla dinámica1").PivotFields _
    ("consumo (litros/100 Km)").Orientation=xlDataField
```

y el resultado de ejecutarlas será parecido a:

Suma de consumo (litros/100Km)	Precio (Millones)					
Tipo		1,1	1,2	2	5	7	Total general
A		4,1					4,1
B			5				5
C				6,2			6,2
D				5			5
E					8		8
F						15	15
Total general		4,1	5	11	8	15	43,3

Los datos a analizar son los pertenecientes al consumo del automóvil, cruzando el precio con el tipo de auto. Así, por ejemplo, vemos que existen dos automóviles valorados en dos millones de pesetas, (tipos :C y D) con un consumo de 6,2 y 5 litros a los 100 Km. Al final de cada fila y columna aparece la suma de litros como total general, y en la esquina inferior derecha la suma total.

A partir de esta tabla dinámica podemos ir organizando los campos a nuestra medida con el fin de obtener las lecturas deseadas. Por ejemplo, queremos controlar en la tabla el número de cilindros y el consumo de cada coche, cruzado con su color y en función del precio. En los campos de columna quitaremos el *Precio* y añadiremos· *cilindros* y *consumo*. En el campo fila quitaremos *Tipo* y en su lugar colocaremos *Color* y en campo principal de datos ya no será el *consumo* sino el *Precio* de cada coche:

```
With HojaExcel.Application.ActiveSheet.PivotTables("Tabla dinámica1")
    .PivotFields ("Precio").Orientation=xlHidden
    .PivotFields ("Tipo").Orientation=xlHidden
    .PivotFields ("Consumo").Orientation=xlHidden
    .PivotFields ("Precio").Orientation=xlDataField
    .AddFields ColumnFields:= "cilindros", ColumnFields:= _
            "Consumo (litros/100Km)   RowFields:= "Color"
End With
```

El la tabla puede leerse, por ejemplo, que hay dos coches azules de cuatro cilindros, con un valor de 1,1 y 2 millones de pesetas y unos consumos de 4,1 y 5 litros de gasolina por cada 100 Km respectivamente. Con unas simples modificaciones en la tabla hemos conseguido unas lecturas completamente distintas a las anteriores.

Suma de Precio	Cilindros	consumo							
		3	Total 3	4		Total 4	6	Total 6	12	Total 12
color		6,2		4,1	5		8		15	
amarillo							5	5		
azul				1,1	2	3,1				
rojo		2	2	1,2		1,2				
verde									7	7

Continuamos con las modificaciones, creando a partir de esta tabla un informe de formato preestablecido por Excel con el tipo 7, al cual añadiremos los totales generales para filas (**RowGrand**) y columnas (**ColumnGrand**).

Además, sólo mostraremos los coches con 3 y 4 cilindros, ocultando los de 6 y 12 mediante la propiedad Visible del objeto **PivotItems**. En este caso obtendremos un informe parecido a:

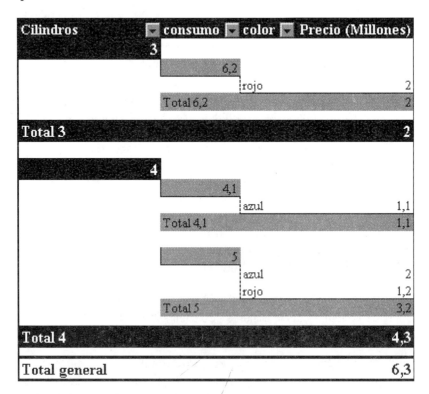

El código necesario para conseguir el formato anterior:

```
With HojaExcel.Application.ActiveSheet.PivotTables("Tabla dinámica1")
    .ColumnGrand=True
    .RowGrand=True
    .PivotSelect "", xlDataLabel    ' Seleccionamos toda la tabla "" incluidos datos y
                                    ' títulos de fila y columna
    .Format xlReport7               ' Informe tipo 7 de 10 posibles

    With PivotFields("cilindros")
        .PivotItems("6").Visible=False    ' Ocultamos el valor 6 del campo cilindros
        .PivotItems("12").Visible=False
    End With
End With
```

Gráficos dinámicos

Como hemos ido viendo hasta este momento, la manera más fácil y rápida de analizar datos es con la ayuda de gráficos. Las tablas dinámicas están vinculadas a este tipo de gráficos, de manera que los cambios de una u otro afectan a los dos. Así, las modificaciones que hagamos en el gráfico se reflejaran en la tabla o informe.

La ventaja fundamental respecto al gráfico normal, radica en la moldeabilidad de los datos, indicando qué registros queremos ver o no, y en la introducción o eliminación de campos dentro del gráfico. Cada combinación nos mostrará una lectura distinta del gráfico aumentando así la información recibida.

Evidentemente la mejor manera de comprobar que es cierta la afirmación anterior es creando un gráfico dinámico a partir del último informe y ejecutar distintas variaciones jugando con la flexibilidad en la ubicación de datos. El lector observará cómo cada gráfico que aparece tiene su propia interpretación, y en conjunto obtenemos mucha más información que con un único gráfico normal.

El primer paso a seguir consistirá en añadir un nuevo gráfico en el libro de trabajo de *Microsoft Excel*. Para ello, usaremos el método **Add** del conjunto gráficos (**Charts**).

HojaExcel.Applcation.Charts.**Add**

Al gráfico activo creado (**ActiveChart**) le tenemos que asignar una fuente de datos (**SetSourceData**) a representar. En nuestro caso, el rango "A3:F9" de la primera hoja del libro de trabajo.

El método SetSourceData trabaja con dos argumentos: **Source** y **PlotBy**. El primero de ellos es obligatorio e indica la ubicación exacta de los datos, normalmente en una hoja del libro activo, pero pueden pertenecer a fuentes externas (internet, otro libro, etc). El segundo es opcional y determina el modo en que hay que leer los datos, por defecto por columnas (xlColumns), pero puede ser por filas (xlRows).

El método **Location** nos ayuda a ubicar el nuevo gráfico dentro del libro, ya sea como un nuevo objeto (xlLocationAsObject), en una hoja nueva (xlLocationAsNewSheet) o en una posición automática (xlLocationAutomatic).

Los argumentos del método Location son: **Where** y **Name**. El primero es obligatorio y le corresponde cualquiera de las constantes anteriores. El segundo, opcional, denomina la hoja del objeto incrustado, o bien la nueva hoja.

Finalmente, el tratamiento y ubicación de los campos de un gráfico dinámico viene determinado por el objeto **PivotLayOut**. Si el gráfico no fuera dinámico el valor del objeto o cualquiera de sus propiedades sería nulo (Nothing).

Recordar que para visualizar un registro determinado o dato (PivotItems) perteneciente a un campo (PivotFields), escribimos:

PivotLayOut.PivotFields("Cilindros").PivotItem("6").Visible=True

En este caso aparece en el gráfico el coche de seis cilindros que no aparecía en la tabla dinámica.

En resumen, el código asociado a las instrucciones anteriores y que nos permitirá crear un gráfico dinámico en una hoja nueva será:

```
With HojaExcel.Application.ActiveChart
    .SetSourceData Source:=HojaExcel.Application.Sheets("Hoja1").Range("A3:F9")
    .Location Where:=xlLocationAsNewSheet

    With PivotLayOut.PivotFields("Cilindros")
        .PivotItems ("6").Visible=True
        .PivotItems ("12").Visible=True
    End With

End With
```

En el gráfico que aparecerá, podemos observar rápidamente que el coche más caro con cuatro cilindros y un consumo de cinco litros a los cien kilómetros es el azul, o la diferencia de precio en función del número de cilindros...

Una vez creado el gráfico dinámico, el lector puede desplegar los campos con flechas (cilindros, consumo y color) y esconder algunos datos que le parezcan de poco interés. Observará cómo se va modificando el gráfico.

Aunque el ejemplo es en extremo simple, nos ayuda a comprender las posibilidades de los gráficos dinámicos en informes de mayor importancia y complejidad.

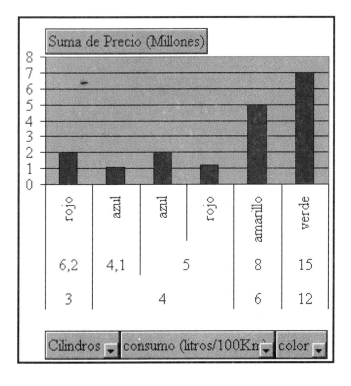

CAPÍTULO 8

USAR UNA PLANTILLA DE LIBROS DE TRABAJO

Una de las partes en las que el usuario pierde más tiempo innecesariamente a la hora de trabajar con una hoja de Microsoft Excel, es en el diseño de la plantilla de presentación. Es una tarea laboriosa seleccionar los colores adecuados para cada tipo de dato, las líneas divisorias entre celdas de distinto tipo, el formato de los caracteres... y mil cosas más.

En este caso, también hay una herramienta de Microsoft Excel que nos ayudará enormemente a simplificar la faena. Consiste en usar las plantillas que ya lleva consigo la misma aplicación Excel, y que pueden adaptarse para cada tipo de usuario. Tanto si tenemos que hacer una tabla de pedidos, como una de ventas, una factura, un inventario... podemos usar los diseños preestablecidos por la aplicación.

Para un programador que manipule la aplicación Microsoft Excel a través de Visual Basic, podrá utilizar una plantilla de Excel, y en ella introducir los valores que necesite. Con ello, las líneas de programación se reducen considerablemente.

Pondremos en práctica la manipulación de planillas, creando una nueva aplicación Visual Basic con referencia a la Biblioteca de Microsoft Excel, en la que el usuario escogerá antes de abrir la aplicación Excel, el tipo de plantilla que quiere usar. Un paso más avanzado, que se deja para el lector, sería elegir una plantilla y introducir directamente los datos de una ficticia cuenta de explotación.

En el nuevo formulario, introducimos los controles:

Control	Propiedad	Valor
Form	Caption	Selección de Plantilla
DriveListBox	Name	Drive1
DirListBox	Name	Directorio
FileListBox	Name	Archivos
TextBox	Name	Selección
	Text	(Ninguno)
ComboBox	Name	TipoArchivo
	Text	(Ninguno)
Command	Name	Command1
	Caption	Aceptar
Command	Name	Command2
	Caption	Salir

El resultado será parecido a:

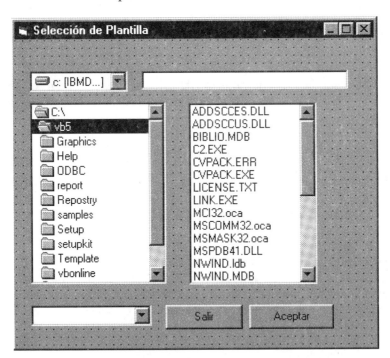

Programaremos la aplicación para que el usuario busque la plantilla de Excel que quiera usar (con extensión **xls**). Una vez seleccionada la plantilla, ésta aparecerá en la caja de texto (junto con la dirección completa del directorio donde se encuentra). A continuación el usuario pulsará el botón aceptar y aparecerá la aplicación Excel con la plantilla preparada para trabajar.

*A recordar: Las plantillas de la aplicación Microsoft Excel se encuentran en el directorio **Excelcbt**.*

Lo primero que debemos programar son las relaciones existentes entre la unidad de disco, la caja de directorios y la de archivos. Cuando variamos cualquiera de las tres, las otras dos han de cambiar al mismo tiempo.

El suceso que controla los cambios en una caja, es el suceso **Change** (Cambio).

El código correspondiente a la caja de discos (DriveListBox) cuando el usuario elige alguna unidad ("a:", "c:","d:",etc...) es :

```
Private Sub Drive1_Change()
On Error GoTo Errores
 Directorio.Path = Drive1.Drive
Exit Sub
Errores:
  MsgBox "Unidad NO preparada ", vbExclamation, "Error"
Exit Sub
End Sub
```

Vemos que controlamos los posibles errores que se puedan cometer, como elegir la unidad de discos **a:** y que ésta no contenga ningún disco en su interior.

Si seleccionamos una unidad válida, esta unidad **Drive** la incorporaremos en la dirección **Path** del directorio actual. Así hacemos que en la caja de directorios (DirListBox) aparezcan los directorios de la unidad elegida.

Cuando modificamos un directorio, queremos que aparezcan todos sus archivos.

El código asociado con este suceso es:

```
Private Sub Directorio_Change()
  Archivos.Path = Directorio.Path
End Sub
```

Simplemente, al modificar la dirección del directorio, la incorporamos en la dirección del archivo (**Path**). La dirección actual hará que en la caja de archivos (**FileListBox**) aparezca la lista de archivos del directorio actual.

Cuando el usuario seleccione un archivo de la lista de archivos, queremos que éste aparezca dentro de la caja de texto y además se guarde en una variable pública (de uso en toda la aplicación). El código asociado a este suceso es:

```
Private Sub Archivos_Click()
  ArchivoSelec = Archivos.FileName
  Selección.Text = Directorio.Path & "\" & Archivos.FileName
  PathSeleccionado = Selección.Text

End Sub
```

La propiedad **FileName** (archivo) del objeto Archivos devuelve el nombre del archivo seleccionado. Nosotros, a la vez, guardamos el nombre en la variable pública **ArchivoSelec**. La propiedad **Text** (texto) del objeto **TextBox** (CajaTexto) devuelve o introduce un texto en la caja de texto. En este caso, introducimos la dirección completa del archivo seleccionado. La dirección la guardamos en la variable pública **PathSeleccionado**.

Las variables, que definamos de tipo público (**Public**), las escribiremos en la parte general de la ventana de código:

```
Public HojaExcel As Object
Public PathSeleccionado As String
Public ArchivoSelec As String
```

Cuando arranquemos la aplicación, deben cargarse automáticamente los distintos tipos de filtros que utilicemos:

```
Private Sub Form_Load()
 'Añadimos los tipos de archivos a la lista desplegable
 TipoArchivo.AddItem "Hojas Excel (*.xls)"
 TipoArchivo.AddItem "Todos (*.*)"
 ' Archivo por defecto
 TipoArchivo.ListIndex = 0
End Sub
```

En la lista desplegable (**ComboBox**) TipoArchivo, añadimos **AddItem** dos tipos de filtros, uno para las hojas Microsoft Excel y el otro para cualquier tipo de archivo. Por defecto elegiremos el primer filtro.

Las instrucciones anteriores son sólo para el usuario. Si no añadimos más código, al seleccionar un tipo u otro de filtro, los archivos no se filtrarán. Hay que informar al computador mediante la propiedad **Pattern** (Tipo) del objeto **FileListBox** (Caja de Lista de Archivos) del filtro a aplicar.

Respondiendo al suceso de selección por parte del usuario, de un tipo de filtro, determinaremos qué filtro ha elegido mediante la propiedad índice de lista **ListIndex**. Si el índice es 0, seleccionamos el filtro de extensión ***.xls**, si es 1 el de extensión ***.***.

```
Private Sub TipoArchivo_Click()
 ' Seleccionar el tipo de archivo
 Select Case TipoArchivo.ListIndex
   Case 0
     Archivos.Pattern = "*.xls"
   Case 1
     Archivos.Pattern = "*.*"
 End Select
End Sub
```

Una vez seleccionado el archivo deseado, pulsamos *aceptar*. Entonces, debe aparecer la aplicación Microsoft Excel con la plantilla preparada:

```
Private Sub Command1_Click()         ' Aceptar
If PathSeleccionado <> "" Then
   Set HojaExcel = GetObject(PathSeleccionado)
   HojaExcel.Application.Visible = True
   HojaExcel.Application.Windows(ArchivoSelec).Activate
Else
   Exit Sub
End If

End Sub
```

El primer paso consiste en comprobar que realmente se ha elegido un archivo, y consecuentemente la variable que contiene la dirección no ha de estar vacía. Si esta condición se cumple, abrimos la aplicación usando la función **GetObject** dando como argumento la dirección del archivo.

Hacemos visible la aplicación, y activamos la ventana que contiene la hoja de cálculo seleccionada.

Finalmente, cuando queramos salir de la aplicación:

```
Private Sub Command2_Click()
Set HojaExcel = Nothing
End
End Sub
```

Liberamos memoria, eliminando el objeto HojaExcel.

El lector puede ejecutar la aplicación seleccionando la plantilla "*Hogar.xls*" del directorio *Excelcbt* y obtendrá como resultado la plantilla:

Análisis del préstamo hipotecario			
Capital			
Tasa de interés		0,0825	
Plazo (años)		7	
Períodos por año		12	
Fecha inicial		30/09/93	
Pago mensual		$494,17	
Cantidad de pagos		84	
Núm. de pago	Fecha de pago	Saldo inicial	Intereses
1	30/09/93	$0,00	$0,00
2	30/10/93	$0,00	$0,00
3	30/11/93	$0,00	$0,00

Ahora sólo con cambiar el valor del **Capital** nos saldrá automáticamente la tabla de amortización del crédito hipotecario. Si tuviéramos que programar de nuevo toda la tabla, se multiplicaría la faena.

El código entero de la aplicación se lista a continuación:

```
Option Explicit
Public HojaExcel As Object
Public PathSeleccionado As String
Public ArchivoSelec As String

Private Sub Command1_Click()
If PathSeleccionado <> "" Then
    Set HojaExcel = GetObject(PathSeleccionado)
    HojaExcel.Application.Visible = True
    HojaExcel.Application.Windows(ArchivoSelec).Activate
Else
    Exit Sub
End If

End Sub

Private Sub Command2_Click()
Set HojaExcel = Nothing
End
End Sub

Private Sub Directorio_Change()
  Archivos.Path = Directorio.Path
End Sub
```

```
Private Sub Drive1_Change()
On Error GoTo Errores
 Directorio.Path = Drive1.Drive
Exit Sub
Errores:
  MsgBox "Unidad NO preparada ", vbExclamation, "Error"
Exit Sub
End Sub

Private Sub Archivos_Click()
 ArchivoSelec = Archivos.filename
 Selección.Text = Directorio.Path & "\" & Archivos.filename
 PathSeleccionado = Selección.Text

End Sub

Private Sub Form_Load()
 'Añadimos los tipos de archivos a la lista desplegable
 TipoArchivo.AddItem "Hojas Excel (*.xls)"
 TipoArchivo.AddItem "Todos (*.*)"
 ' Archivo por defecto
 TipoArchivo.ListIndex = 0
End Sub

Private Sub TipoArchivo_Click()
 ' Seleccionar el tipo de archivo
 Select Case TipoArchivo.ListIndex
    Case 0
      Archivos.Pattern = "*.xls"
    Case 1
      Archivos.Pattern = "*.*"
  End Select
End Sub
```

CAPÍTULO 9

CREACIÓN DE VÍNCULOS Y CONTROL DE LA IMPRESIÓN

En este capítulo veremos una propiedad que tiene la aplicación Microsoft Excel, la cual nos permite relacionar distintas celdas, de una misma hoja de cálculo, de diferentes hojas, o incluso de libros de trabajo distintos. Creando este tipo de vínculos entre celdas, conseguimos que al modificar una celda, todas las celdas que estén relacionadas se modifiquen automáticamente si están en el mismo libro de trabajo.

También se modifican las celdas de distintos libros de trabajo si ambos están abiertos. Así, por ejemplo, modificando el precio de un producto determinado, modificamos automáticamente las previsiones de beneficios sobre él, o evaluamos el coste de su Stock. Gracias a la propiedad de vínculo entre celdas, se simplifica mucho el trabajo auditor o de control de mercancías.

El control de la impresora a través de Visual Basic facilita su configuración automática, con lo que evitamos que el usuario tenga que manipularla. En este capítulo, profundizaremos un poco más en la explicación de las propiedades, métodos y funciones de impresión, así como en las propiedades de presentación preliminar de documentos.

La presentación preliminar de documentos nos muestra nuestra hoja de cálculo a tamaño real, con lo que nos podemos hacer una idea de cuál sería su resultado si imprimiéramos el documento. Otra utilidad de la presentación preliminar es mostrar un gráfico ampliado (a tamaño folio, por ejemplo), mejorando su interpretación y estudio.

CREACIÓN DE VÍNCULOS

Ya hemos dicho anteriormente que vinculando varias celdas a la vez, modificando una, se modifican todas automáticamente. Aprovecharemos esta propiedad de la aplicación Microsoft Excel para crear una aplicación de ejemplo.

Para evitar al lector tener que escribir código innecesario, crearemos esta nueva aplicación Visual Basic utilizando las plantillas de ejemplo que lleva consigo la aplicación Microsoft Excel (utilizadas en el capítulo anterior).

En nuestra nueva aplicación queremos que al hacer click sobre una imagen de un formulario, se active la aplicación Excel, y aparezca en una hoja de cálculo la cotización en bolsa de unas determinadas acciones. Automáticamente, en otra hoja del mismo libro (que llamaremos "*Resumen*"), deseamos vincular los datos de la cotización en forma de resumen detallado. De esta forma, al variar la cotización de algún parámetro, también variará al mismo tiempo las celdas de la hoja "*Resumen*".

Un paso más que podemos dar en la vinculación de celdas ajenas a nuestro libro de trabajo, consistirá en relacionar los datos de cotización en bolsa que teníamos, con los datos de la empresa de la cual dependen. Presentando en una única hoja "*Resumen*" tanto los datos resumidos de la cotización, como la variación continua de los datos de la empresa.

Si este ejemplo fuera real, seríamos capaces de controlar nuestras inversiones con sólo mirar una única hoja de cálculo, todo gracias a la capacidad que tenemos de vincular cualquier dato desde cualquier sitio.

La mejor manera para aprender a realizar los distintos tipos de vinculaciones entre celdas, consistirá en realizar una pequeña aplicación, a partir de la cual, el lector podrá ampliar para dejarla a su gusto personal.

Empezaremos abriendo nuestra aplicación Visual Basic, y relacionar la aplicación con la *Biblioteca de Objetos de Microsoft Excel*.

A continuación, introducimos los controles:

Control	Propiedad	Valor
Fromulario	Caption	Acciones
	BorderStyle	1- Fixed Single
	BackColor	&H80000008&
Caja de Imagen	Picture	Money.wmf
	Name	Picture1

Después de realizar estos cambios, el formulario ha de paracerse a:

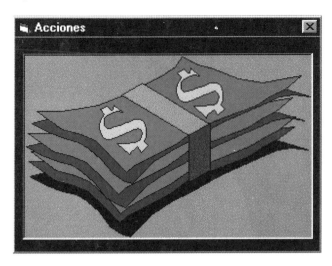

Introducimos ahora las instrucciones necesarias para reaccionar ante el suceso click sobre la caja de imagen.

Tiene que suceder que el puntero del ratón se transforme en reloj mientras arranca la aplicación Microsoft Excel, y cargamos la hoja **Acciones.xls** desde el directorio en la cual se encuentre (normalmente en el subdirectorio **Excelcbt** del directorio **Excel**).

```
Private Sub Picture1_Click()
Screen.MousePointer = 11          'Puntero Reloj

Set HojaExcel = GetObject("c:\MsOffice\Excel\Excelcbt\Acciones.xls")
HojaExcel.Application.Visible = True
HojaExcel.Application.Windows("Acciones.xls").Activate

Screen.MousePointer = 0           'Puntero Normal
```

Cuando la hoja se ha cargado, el puntero del ratón recupera su apariencia normal.

Previamente hemos definido (como siempre) la variable pública **HojaExcel** como Objeto.

Hay que recordar que la propiedad **Activate** activa la ventana donde hemos cargado la hoja de cálculo **Acciones.xls**.

En el paso siguiente, borraremos una parte de los datos que aparecen por defecto en la hoja **Acciones.xls**, que son las sumas resumen de las cotizaciones.

Dichas sumas las introduciremos mediante la aplicación Visual Basic, dentro de una nueva hoja llamada "*Resumen*".

```
' Eliminamos los datos que preferimos ver en otra hoja
HojaExcel.Range("A1:B4").Value = ""
```

Añadimos la nueva hoja llamada ***Resumen*** en nuestro libro de trabajo:

```
' Añadimos una hoja nueva
HojaExcel.Application.Sheets.Add
HojaExcel.Application.Sheets("Hoja1").Name = "Resumen"
```

El método **Add** (añadir) del objeto **Sheets** (Hojas) añade una nueva hoja llamada **"Hoja1"** al libro actual de trabajo. Podemos cambiar el nombre de esta hoja utilizando la propiedad **Name** (nombre) e imponiendo que tenga el valor **"Resumen"**.

Seleccionaremos la nueva hoja creada. En esta hoja vacía, introduciremos los resúmenes de las cotizaciones que tenemos en la hoja Acciones. Para indicar que la celda de la hoja *Resumen* hace referencia a la celda de la hoja *Acciones*, delante del número de celda escribiremos el nombre de la hoja a la cual pertenece:

```
HojaExcel.Application.Cells(1, 1).Value = "=Acciones!H7"
```

Podemos probar a escribir la línea de código superior y ejecutarla. Veremos cómo en la celda **"A1"** de la Hoja *Resumen*, aparece el resultado de la celda **"H7"** de la hoja *Acciones*.

A continuación, pruebe a modificar el valor de la celda **"H7"** de la hoja *Acciones*. Vaya a la hoja *Resumen*, y observará cómo el valor de la celda **"A1"** ha cambiado y ahora es el mismo que el de la **"H7"**.

```
' Añadimos los datos relacionados con la hoja anterior
HojaExcel.Application.Sheets("Resumen").Activate
HojaExcel.Application.Range("A1:D1").ColumnWidth = 15
HojaExcel.Application.Cells(1, 1).Value = "Valor Neto Total"
HojaExcel.Application.Cells(1, 2).Value = "=Sum(Acciones!H7:Acciones!H9)"
HojaExcel.Application.Cells(2, 1).Value = "Valor Neto Actual"
HojaExcel.Application.Cells(2, 2).Value = "=Sum(Acciones!F7:Acciones!F9)"
HojaExcel.Application.Cells(3, 1).Value = "Costo Total"
HojaExcel.Application.Cells(3, 2).Value = "=Sum(Acciones!D7:Acciones!D9)"
HojaExcel.Application.Cells(4, 1).Value = "Total Acciones"
HojaExcel.Application.Cells(4, 2).Value = "=Sum(Acciones!C7:Acciones!C9)"
```

En este punto, al ejecutar la aplicación, aparecerá como resultado final la nueva hoja *Resumen*, la cual tiene definidos una serie de parámetros bursátiles asociados a un conjunto de valores de las celdas de la hoja *Acciones*.

Al fijarnos en el primer parámetro **Valor Neto Total**, vemos que es la suma de las celdas **H7** a **H9** de la hoja *Acciones*. Si modifica cualquiera de estos valores, también lo hará este parámetro. Para indicar que sumamos las celdas de otra hoja de cálculo, delante de ellas escribiremos el nombre de la cual proceden:

HojaExcel.Application.Cells(1, 2).Value = "=**Sum(Acciones!H7:Acciones!H9)**"

Este comentario es extensivo a las demás definiciones que aparecen en la hoja.

VINCULAR DISTINTOS LIBROS

En este punto hemos establecido distintas relaciones entre celdas del mismo libro de trabajo. Ahora avanzaremos un poco más, relacionando nuestro libro con otro libro llamado *Cuentas*. La finalidad de esta relación es conseguir que cualquier cambio en las celdas de la hoja *Precios* del libro *Cuentas* quede reflejado en nuestra hoja *Resumen*. Simulando una posible relación entre la variación de los precios de la empresa en la que hemos invertido nuestro dinero en acciones, y su cotización en bolsa, podemos desde la hoja *Resumen*, controlar automáticamente dichas variaciones.

La relación con una celda externa al libro donde estoy trabajando ha de venir acompañada de la dirección del directorio donde se encuentra. En nuestro caso, el libro se encuentra en el mismo directorio que el libro *Acciones*, escribiremos:

HojaExcel.Application.Range("A7:C20").Value = _
"='C:\MSOFFICE\EXCEL\EXCELCBT\[CUENTAS.XLS]Precios'!A1"

La dirección del libro precede al nombre del libro en cuestión, que lo escribimos entre claudators ([ ). Seguidamente, escribimos el nombre de la hoja a la cual pertenece la celda que queremos vincular. Seguida de un signo de admiración (!) finalmente tecleamos la celda en cuestión.

Para señalar que escribimos el directorio del libro deseado, al principio de la dirección, y antes de llegar al signo de admiración, colocamos la puntuación (').

El lector puede observar cómo hacemos corresponder a un rango de celdas **A7:C20** una única celda **A1** de la hoja *Precios* del libro *Cuentas*. Si hiciéramos una lectura apresurada, deduciríamos que aparecería un Error al no coincidir los tamaños de los rangos en una y otra hoja. O que el valor de la celda **A1** se repite en todo el rango seleccionado. No sucede ni una cosa ni la otra. Por defecto, el valor de una celda cualquiera es variable. Quiere decir que si por un motivo u otro, copio su contenido en otra celda, éste se adaptará a las nuevas circunstancias. Si por el contrario impongo que el contenido de mi celda sea invariable, indicando delante de la fila y la columna el signo **$**:

HojaExcel.Application.Range("A7:C20").Value = _
"='C:\MSOFFICE\EXCEL\EXCELCBT\[CUENTAS.XLS]Precios'!A1"

Conseguiremos que el contenido de la celda **A1** sea copiado repetidamente por todo el rango seleccionado. Nosotros nos encontramos en el primer caso, y por defecto, cuando se haya copiado el contenido de la celda A1, la aplicación Microsoft Excel irá a buscar el contenido de la celda que esté a su lado, todo ello gracias a que hemos permitido la variabilidad del contenido de las celdas.

Las últimas líneas de código que escribiremos para visualizar estos cambios son:

```
HojaExcel.Application.Range("A7").ColumnWidth = 35
HojaExcel.Application.Range("B7").ColumnWidth = 20
HojaExcel.Application.Range("A7:C7").Font.Bold = True

HojaExcel.Application.Range("A7:C20").Value = _
    "='C:\MSOFFICE\EXCEL\EXCELCBT\[CUENTAS.XLS]Precios'!A1"
End Sub
```

El resultado final de ejecutar la aplicación debería ser parecido a:

Valor Neto Total	8637,5
Valor Neto Actual	37475
Costo Total	28837,5
Total Acciones	1000
Precios de catálogo de septiembre	
Nombre del producto	Cantidad por unidad
Té Dharamsala	10 cajas x 20 bolsas
Cerveza tibetana Barley	24 - bot. 12 oz
Sirope de regaliz	12 - bot. 550 ml
Especias Cajun del chef Anton	48 - frascos 6 oz
Mezcla Gumbo del chef Anton	36 cajas
Mermelada de grosellas de la abuela	12 - frascos 8 oz

Aquí mostramos la parte de la hoja de cálculo en la que visualizamos los resúmenes bursátiles (en la parte superior) que están vinculados con la hoja *Acciones*, y en la parte inferior aparecen los datos de precios vinculados con el libro *Cuentas*.

Para terminar de ejecutar la aplicación y poder salir de ella, como no tenemos el botón *Salir*, en su lugar pulsaremos el botón ⊠. Entonces se produce el suceso **Unload** (Descarga del formulario) que controlaremos para liberar la variable HojaExcel y finalizar la aplicación.

```
Private Sub Form_Unload(Cancel As Integer)
Set HojaExcel = Nothing
End
End Sub
```

Una posible ampliación de este apartado podría ser la incorporación de más vínculos con otros libros, o crear nuevas hojas dentro del mismo libro con las que vincular las celdas entre sí, siguiendo un fin determinado. Se deduce que con bastante facilidad, conseguiremos crear con poco esfuerzo una red bastante significativa de enlaces entre libros y hojas de Microsoft Excel para gobernar nuestra propia aplicación empresarial.

PREPARAR UNA HOJA PARA IMPRESIÓN

En capítulos anteriores hemos aplicado algunas de las propiedades que nos ofrece la aplicación Microsoft Excel, para controlar la impresión y presentación preliminar de un documento. En este apartado ampliaremos la explicación de cada propiedad.

El primer paso a seguir será definir una nueva función **Imprimir ()**, donde escribiremos todo el código necesario para ajustar la impresión del documento a nuestras necesidades. Una vez definida la función, la aplicaremos al final del suceso **Picture1_Click**.

Escribimos la función que sigue a continuación, dentro de la ventana de código del formulario:

```
Public Function Imprimir()

' Preparar la presentación preliminar

With HojaExcel.Application.ActiveSheet.PageSetup
    .CenterHeader = "Presentación preliminar del gráfico"
    .CenterFooter = "Pie del gráfico"
    .PrintQuality = 300
    .CenterHorizontally = False
    .CenterVertically = False
    .Draft = False
    .PaperSize = xlPaperA4
    .FirstPageNumber = xlAutomatic
    .BlackAndWhite = False
    .Zoom = 150
End With

HojaExcel.Application.ActiveSheet.PrintPreview

End Function
```

El conjunto de propiedades que definen la presentación preliminar e impresión, pertenecen al objeto **PageSetup** (configuración de página). Vamos a explicar su utilidad y uso.

Con la propiedad **CenterHeader** (Título de cabecera), escribimos centrado en la hoja, el título que deseemos para nuestra presentación preliminar. Si ignoramos esta propiedad, el título por defecto será el del número de la hoja (por ejemplo : "hoja 1"). O dependiendo de la versión de Excel, puede aparecer en blanco.

Para introducir un título especial en el pie de página, modificamos la propiedad **CenterFooter** con el título que queramos escribir, el cual, quedará centrado al pie de página. Si no modificamos la propiedad, al igual que en caso anterior puede aparecer el número de página, o bien quedar en blanco.

También podemos definir el tamaño del gráfico en el área de impresión, con la propiedad **ChartSize** (TamañoGráfico). En nuestro caso no la necesitamos, pero en otras situaciones querríamos que nuestro gráfico ocupara toda la página. Esto lo conseguiríamos añadiendo la instrucción:

ChartSize = xlPageField

La calidad de impresión del documento la controlamos con la propiedad **PrintQuality** (CalidadImpresión), que viene definida por el número de puntos por carácter. De no modificar la propiedad se seleccionará el valor de impresión "Normal".

Para delimitar la alienación del texto, trabajamos con la propiedad **CenterHorizontally**, la cual puede adoptar distintos valores, según sea alineado a la izquierda, a la derecha o al centro. Por defecto lo estará a la izquierda.

También es posible la alineación vertical definida por la propiedad **CenterVertically** que permite alinear el texto en la parte superior de la hoja, en la inferior o en el centro. Por defecto será en la parte superior.

Una impresión en estilo borrador es posible dando a la propiedad **Draft** el valor verdadero.

Una de las propiedades principales, consiste en poder escoger el tipo de hoja en la que queremos imprimir el documento, ya sea un folio, un sobre, etc. La propiedad encargada de controlar el formato del tipo de papel es **PaperSize** (TamañoPapel). En nuestro caso queremos que sea de tamaño Din –A4.

No necesariamente debemos imprimir todas las páginas del documento, podemos elegir a partir de cuál empezamos a imprimir. Mediante la propiedad **FirstPageNumber** (PrimerNúmeroPágina). Por defecto la primera página a imprimir será la primera del documento.

Si no disponemos de una impresora a color, en su lugar emplearemos una escala de grises. El uso de todas las posibilidades que nos ofrece dicha escala depende de la configuración de la impresora. Ésta debe estar preparada para transformar el documento en la escala de grises, y por ello a la propiedad **BlackAndWhite** (BlancoyNegro) le asignamos el valor *verdadero* (**True**). En caso contrario, si la impresora es de color le asignaremos el valor *falso* (**False**).

Mientras estamos observando la vista preliminar del documento, para apreciar los detalles podemos ampliar o disminuir la resolución de la pantalla, el método conocido como **Zoom**. *En tiempo de diseño*, definiremos el Zoom con que queremos que se muestre al usuario el documento, estableciendo para la propiedad **Zoom** un valor de aumento del 150 %. El programador establecerá el valor que en su momento crea oportuno.

Las anteriores son las propiedades principales a tener en cuenta a la hora de definir la página de impresión. Con su control a través de Visual Basic, conseguimos que el usuario de la aplicación no haya de conocer las instrucciones necesarias para dejar bien definida el área de impresión.

Aplicaciones con Word

10. Modificar el formato
11. Trabajar con tablas
12. Campos de combinación
13. Trabajar con columnas
14. Insertar objetos
15. Trabajar con controles

PARTE III

CAPÍTULO 10

MODIFICAR EL FORMATO

PRIMEROS PASOS EN LA MANIPULACIÓN DE WORD

Igual que en el capítulo anterior aprenderemos a manipular la aplicación Word desde Visual Basic, para poder desarrollar aplicaciones que aprovechen todas las posibilidades que nos ofrece Word. Ya vimos anteriormente que para Visual Basic, Word es un objeto más de la colección de objetos que posee; sólo hay que definirlo como tal y ya podremos manipularlo como queramos. Es conveniente recordar que para conocer todas las propiedades y métodos de Word, hay que visualizar el *examinador de objetos* que está en el menú **Ver**.

Para empezar crearemos una aplicación muy sencilla que creará automáticamente una carta en un documento Word.

Ahora sólo tiene que abrir un nuevo proyecto Visual Basic, y sobre el formulario dibujar dos botones (Command1 y 2), de manera que el primero ponga en su propiedad **Caption** la frase "*Preparar Carta*"; y en el otro la frase "*Salir*". Luego, haciendo doble click con el botón izquierdo del ratón sobre el formulario, aparecerá la ventana de código, donde se pueden escribir las siguientes líneas:

```
Option Explicit                               ' Obliga a definir las variables
Public HojaWord As Object                     ' Public hace la variable común a toda
                                              la aplicación

Private Sub Command1_Click()                  ' Botón preparar carta
Dim n As Integer                              ' n es un número
Set HojaWord = CreateObject("Word.Basic")     ' Crea el nuevo objeto

HojaWord.ArchivoNuevo                         ' Propiedad que define un
                                              ' nuevo Documento
HojaWord.Insertar "Joan Josep Pratdepadua Bufill"  ' Insertar para introducir
                                                   ' expresiones
```

```
HojaWord.InsertarPárra                          ' Insertar una línea
HojaWord.Insertar "Avda. Papa Luna, nº 12"
HojaWord.InsertarPárra
HojaWord.Insertar "08301 - MATARÓ"
HojaWord.LíneaArriba 2                          ' Mueve el cursor dos líneas arriba
HojaWord.CarácterDerecha 11                     ' Mueve el cursor 11 posiciones
                                                ' a la derecha

HojaWord.Insertar Chr$(9) + Chr$(9) + Chr$(9) + Chr$(9) + Chr$(9) ' Mueve el Tabulador

HojaWord.InsertarFechaHora "d' de 'MMMM' de 'aaaa", 0   ' Inserta la fecha actual
HojaWord.CarácterIzquierda 15                   ' Mueve el cursor 15
                                                ' posiciones la izquierda
HojaWord.LíneaAbajo 3                           ' Mueve el cursor tres líneas abajo

For n = 0 To 5
   HojaWord.InsertarPárra
Next n
HojaWord.Insertar Chr$(9) + "Querido amigo José,"
End Sub

Private Sub Command2_Click()
Set HojaWord = Nothing                          ' libera la memoria que define al objeto
End                                             ' se rompe el enlace
End Sub
```

Se puede comprobar que al ejecutar esta aplicación, arranca la aplicación Word, y ella sola prepara la hoja para que el usuario pueda escribir la carta que desee.

Un paso más

Podemos avanzar un poco más y modificar el programa anterior, para que ahora el usuario pueda elegir a quien escribe, de una lista contenida en su agenda. Para ello se tendrá que añadir un control **ListBox** en el formulario. Con la propiedad **List** del conjunto de propiedades de este control, se pueden añadir directamente todos los amigos que queramos. El formulario quedará de esta forma:

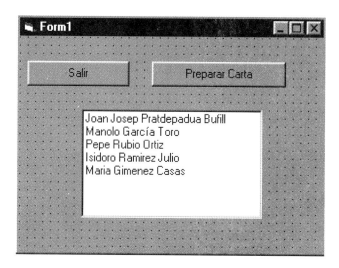

Una vez hecho esto, corregiremos el código escrito anteriormente hasta que quede de una forma similar a:

```
Option Explicit
Public HojaWord As Object

Private Sub Command1_Click()
Dim n As Integer, cadena As String       ' Variable cadena de texto (string)
Set HojaWord = CreateObject("Word.Basic")

' Elegimos un nombre de la lista
cadena = List1.List(List1.ListIndex)

HojaWord.ArchivoNuevo
HojaWord.Insertar cadena + "                         "
HojaWord.InsertarFechaHora "d' de 'MMMM' de 'aaaa", 0
HojaWord.InsertarPárra

HojaWord.CarácterIzquierda 15
HojaWord.LíneaAbajo 3
For n = 0 To 5
   HojaWord.InsertarPárra
Next n
HojaWord.Insertar Chr$(9) + "Querido amigo " + cadena + " :"

End Sub

Private Sub Command2_Click()
Set HojaWord = Nothing
End
End Sub
```

Observe cómo la propiedad List1.**Index** devuelve el índice de la fila seleccionada; y List1.**List** devuelve la información contenida en dicha celda. El nombre de la fila seleccionada lo guarda en la variable *cadena*, que luego introduciremos dentro del texto.

Así, en este ejemplo prepararemos una carta individualizada para el nombre que elijamos de la lista.

MODIFICAR EL FORMATO DE LOS CARACTERES Y DE LA PÁGINA

Entre las muchas posibilidades que tiene Word para modificar los caracteres y el formato de la página, nosotros veremos los más comunes. Para ello, crearemos una nueva aplicación, donde introduciremos una caja de opciones (**Frame**), y dentro de ella dos controles de opción (**CheckBox**); además introduciremos dos cajas de imagen (**PictureBox**) que sirvan para salir de la aplicación. Cuando el usuario apriete el botón del ratón encima de la caja de imagen se cerrará la aplicación.

Una vez introducidos todos los controles, pondremos la propiedad **Visible** de la segunda caja de imagen a **False** (para que no sea visible); y modificaremos la propiedad **Caption** de todos los controles para establecer el título deseado de manera que quede un formulario como éste:

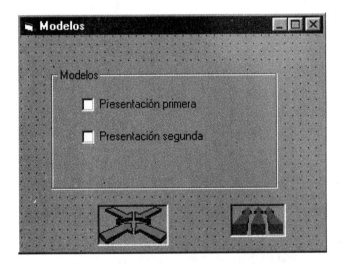

A continuación abrimos la ventana de código para escribir:

```
Option Explicit
Public HojaWord As Object


Private Sub Check1_Click()    ' Primera caja de opción
Dim n
```

```
MousePointer = 11        'reloj de arena
Set HojaWord = CreateObject("Word.basic")
HojaWord.ArchivoNuevo
HojaWord.Negrita
HojaWord.DiseñoDeSombreado 2
HojaWord.TamañoFuente 14
HojaWord.Insertar "Titulo de la página"
HojaWord.InsertarPárra
```

La instrucción **MousePointer** establece el reloj de arena como puntero del ratón e indica que se está ejecutando una acción (abrir Word).

Para establecer el carácter en negrita introducimos **Negrita**, y para escribir con el tamaño de letra 14 ponemos antes de escribir el texto deseado **TamañoFuente 14**. Finalmente, para cambiar el color o diseño del fondo del texto, cabe utilizar la propiedad **DiseñoDeSombreado** *número*, y en función del número establecido aparecerá un diseño u otro. Es aconsejable probar distintos valores y comprobar su efecto sobre el texto.

A continuación escribir:

```
For n = 0 To 6
  HojaWord.InsertarPárra
Next n

HojaWord.Cursiva
HojaWord.TamañoFuente 12
HojaWord.Insertar "Introducción del texto aquí ..."

'Pie de página
HojaWord.VerEncabezado
HojaWord.Insertar "Cartas a los amigos" + Chr$(9) + Chr$(9) + Chr$(9)
HojaWord.InsertarCampoPágina
HojaWord.IrAEncabezadoPiePágina
HojaWord.Insertar "PD: Escríbeme pronto "
HojaWord.CerrarVerEncabPie

MousePointer = 0    ' flecha normal del ratón
End Sub
```

Con el código introducido, ahora convertiremos la letra en cursiva de tamaño 12. Además abrimos la ventana que nos permite modificar el encabezamiento y pie de página; con la propiedad **VerEncabezado** abrimos dicha ventana, en la cual introducimos el título "*Cartas a los amigos*" y el número de página **InsertarCampoPágina**. Una vez definido el encabezamiento iremos al pie de página **IrAEncabezadoPiePágina** y allí introduciremos el título " *PD: Escríbeme pronto* ". Para volver al diseño normal de página, cerramos la ventana de diseño de encabezamiento con la instrucción **CerrarVerEncabPie**.

Finalmente, una vez preparada la página tal como queremos, devolvemos al cursor su aspecto normal con la instrucción **MousePointer** = 0.

Hasta aquí hemos establecido el código para definir un modelo de página. A continuación definiremos otra página distinta (pero del mismo tipo que la anterior):

```
Private Sub Check2_Click()
Dim n
MousePointer = 11 'reloj de arena
Set HojaWord = CreateObject("Word.basic")
HojaWord.ArchivoNuevo
HojaWord.Negrita
HojaWord.Subrayar
HojaWord.DiseñoDeSombreado 4
HojaWord.TamañoFuente 14
HojaWord.Insertar "Titulo de la página"
HojaWord.InsertarPárra
HojaWord.InsertarImagen "c:\aaltres\joan.bmp"

For n = 0 To 6
  HojaWord.InsertarPárra
Next n

HojaWord.Cursiva
HojaWord.TamañoFuente 12
HojaWord.Insertar "Introducción del texto aquí ..."

'Pie de página
HojaWord.VerEncabezado
HojaWord.Insertar "Cartas a los amigos" + Chr$(9) + Chr$(9) + Chr$(9)
HojaWord.InsertarCampoPágina
HojaWord.IrAEncabezadoPiePágina
HojaWord.Insertar "PD: Escríbeme pronto              "
HojaWord.InsertarFechaHora
HojaWord.CerrarVerEncabPie

MousePointer = 0

End Sub
```

Básicamente las propiedades nuevas que han aparecido son la de introducir una imagen dentro de nuestro documento con la propiedad **InsertarImagen** *ruta de acceso*; detrás de la propiedad hay que establecer el parámetro o ruta de acceso a la imagen deseada, para que la aplicación pueda encontrarla.

También hemos introducido a pie de página la fecha actual con la propiedad **InsertarFechaHora**.

Finalmente, cuando el usuario quiera salir de la aplicación y haga click encima de la imagen de salida, sucederá que la imagen cambiará de aspecto, porque cargaremos la imagen de la segunda caja de imagen dentro de la primera caja de imagen, con la propiedad **Picture**, mientras se libera el objeto anteriormente definido **HojaWord**.

```
Private Sub Picture1_Click()
Picture1.Picture = Picture2.Picture
Set HojaWord = Nothing
End
End Sub
```

MODIFICAR EL FORMATO DEL DOCUMENTO

En la mayoría de los casos la configuración de su computador usará la inglesa por defecto, en este caso las instrucciones deben escribirse en este idioma.

Siempre que trabajamos con la aplicación Word usamos un documento de trabajo, del cual es necesario conocer y controlar sus propiedades para diseñarlo a nuestro gusto desde Visual Basic. En este apartado introduciremos las más importantes del objeto **Document** (Documento).

Empecemos de nuevo creando una nueva aplicación, en la que únicamente escribiremos desde *Visual Basic* la frase *"Nuevo Documento"* en un documento Word. El motivo es la intención de trabajar con propiedades y métodos que sólo afecten al documento y no a su contenido. En el formulario del nuevo proyecto de *Visual Basic* añadiremos un control botón ("Command1") con el código:

```
Option Explicit
Public HojaWord As Object

Private Sub Command1_Click()
   Sct HojaWord = CreateObject("Word.Application")
   HojaWord.Visible=True
   HojaWord.Documents.Add
   HojaWord.TypeParagraph
   HojaWord.TypeText " Nuevo Documento "
End Sub
```

A partir de este momento, empezaremos a listar las propiedades más comunes en el tratamiento de documentos:

Cómo guardar el documento

Podemos aplicar directamente el método **Save** (Guardar) sobre el documento en e caso de que ya lo hayamos guardado anteriormente. Si no fuera así, la aplicación Word devolvería un error por no conocer la ruta de acceso.

Solucionamos el problema usando el método **SaveAs** (Guardar como) en vez de Save. La instrucción SaveAs especifica el nombre del archivo a guardar, la ruta de acceso, el formato del documento...

SaveAs FileName, FileFormat, Password, AddToRecentFiles, WritePassword, ReadOnlyRecommended, SaveNativePictureFormat

- **FileName:**

Nombre con el que deseamos que se guarde el archivo.

- **FileFormat:**

Aunque hayamos trabajado con un formato determinado, por ejemplo en texto, podemos guardarlo en otro distinto gracias a esta opción. Los formatos disponibles para *Word 2000* son: wdFormatDocument, wdFormatDOSText, wdFormat_ DOSTextLineBreaks, wdFormatEncodedText, wdFormatHTML, wdFormatRTF, wdFormat_ Template, wdFormatText, wdFormatTextLineBreaks o wdFormatUnicodeText.

- **Password:**

Contraseña para poder abrir el documento.

- **AddToRecentFiles:**

Verdadero (True) para agregar el documento a la lista de documentos recientes del menú Archivo.

- **WritePassword:**

Contraseña para poder modificar el documento.

- **ReadOnlyRecommended:**

Guarda el documento para abrirlo sólo para leer, aunque no lo protege, sólo lo recomienda.

- **SaveNativePictureFormat:**

Guarda el formato original del los gráficos importados en el documento (por ejemplo Macintosh).

La línea de código necesaria para guardar nuestro documento con el nombre de *"Carta1"* en la ruta *"c:\cartas"*, en formato texto wdFormatText y con la contraseña *"Seguro"*:

HojaWord.Documents(1).SaveAs FileName:="c:\cartas\Carta1", _
              FileFormat:=wdFormatText, Password:= "Seguro"

Cómo cerrar el documento

El método **Close** (cerrar) controla esta operación.

Close SaveChanges, OriginalFormat

- **SaveChanges:**

Ante la acción de cerrar el documento caben dos posibilidades: guardar los cambios realizados hasta el momento (wdSaveChanges) o no (wdDotNot_SaveChanges).

- **OriginalFormat:**

El formato del documento original lo podemos mantener al cerrarlo (wdOriginalDocumentFormat) o transformarlo en un documento Word (wdWordDocument).

Si queremos cerrar un documento sin guardar los cambios previos y en formato original sólo introduciremos la siguiente instrucción:

HojaWord.Documents(1).Close

Alineación del documento

Nos referimos a la justificación del texto o a su distribución. La propiedad **JustificationMode** (Modo justificación) puede aceptar las siguientes constantes: wdJustificationModeCompress (comprime el texto al justificarlo ocupando el mínimo espacio posible de documento), wdJustificationModeCompressKana (sólo comprime los signos de puntuación a la hora de justificar el texto), or wdJustificationModeExpand (Expande el texto al justificar).

El lector puede probar los efectos que producen sobre el documento al variar las constantes de justificación:

HojaWord.Documents(1).JustificationMode=wdJustificationModeCompressKana

El espacio de interlineado vertical y horizontal lo controlan respectivamente las propiedades **GridSpaceBetweenVerticalLines** y **GridSpaceBetweenHorizontalLines**. Asignando por ejemplo el valor 2 a la primera propiedad, el espacio entre líneas verticales será de dos caracteres.

Actualización del documento

Una propiedad interesante que incorpora *Word 2000* es **OptimizeForWord97**, que permite adaptar un documento 2000 al formato de la versión anterior 97. Sólo hay que validar la propiedad para que esto suceda:

HojaWord.Documents(1). OptimizeForWord97=True

El lenguage del documento puede identificarse gracias al nuevo método **DetectLanguage** y a la propiedad **LanguageDetected**. Esta última propiedad determina si el idioma del documento ya ha sido identificado (True) o no (False). En el segundo caso, podemos proceder a detectar el idioma empleando el método DetectLenguage que almacena el resultado de la consulta en la propiedad **LanguageID**.

Comparando la cadena LanguageID almacenada con los idiomas disponibles, identificaremos con el que está escrito el texto.

```
With HojaWord.Documents(1)
    If .LanguageDetected=False Then
        .DetectLanguage
    End If

    If .Range.LanguageID=wdSpanish Then
        MsgBox "Esta escrito en español"
    End if
End With
```

MODIFICAR EL FORMATO DEL PARÁGRAFO

El primer paso consiste en conocer el método para añadir nuevos parágrafos (**Paragraphs**) al documento o en todo caso, saber cómo insertarlos dentro de un texto. El método casi universal encargado de añadir objetos es **Add**, que en nuestro caso añadirá un nuevo parágrafo (Paragraph) al final del documento activo.

HojaWord.Documents(1).Paragraphs.**Add**

Si deseamos insertar un nuevo parágrafo con el método **InsertParagraph** seleccionaremos una parte del texto con el objeto **Range** y ésta se convertirá en el nuevo parágrafo. Por ejemplo, si queremos insertar un nuevo parágrafo al principio del documento, y éste consta de 450 caracteres, seleccionaremos desde el carácter inicial (0) al final (que puede ser el 45) y a continuación insertaremos el parágrafo.

HojaWord.Documents(1).Range(0,45).**InsertPararaph**

La propiedad **WordWrap** permite ajustar el texto latino centrándolo en medio del parágrafo especificado. Si queremos que sea el primer parágrafo del documento activo escribiremos simplemente:

HojaWord.ActiveDocument.Paragraphs(1). **WordWrap**=True

Otra nueva propiedad interesante es **ReadingOrder**, que permite establecer el orden de lectura de un texto, ya sea de izquierda a derecha (wdReadingOrderLtr) o de derecha a izquierda (wdReadingOrderRtr). En el segundo caso, si modificamos sólo el segundo parágrafo del texto:

HojaWord.ActiveDocument.Paragraphs(2). **ReadingOrder** = wdReadingOrderRtr

El formato entendido como el tamaño o distáncia a los márgenes del documento, viene controlado por las propiedades: **CharacterUnitFirstLineIndent** (distancia en caracteres de la primera palabra del parágrafo al margen izquierdo), **CharacterUnitLeftIndent** (de todo el parágrafo al margen izquierdo), **CharacterUnitRightIndent** (al margen derecho).

La alineación del parágrafo es importante dominarla, por cuanto mejora mucho la presentación de un trabajo. La propiedad **Alignment** es la encargada de dicha tarea. Las constantes que acepta, o posibilidades de orientación son: wdAlignParagraphLeft (alineado a la izquierda), wdAlignParagraphCenter (centrado en medio de la página), wdAlignParagraphDistribute, wdAlignParagraphRight (alineado a la derecha), wdAlignParagraphJustify (justificado), wdAlignParagraphJustifyHi (justificado arriba), wdAlignParagraphJustifyLow (justificado abajo) o wdAlignParagraphJustifyMed (justificado al medio). La línea de código necesaria para justificar el primer parágrafo de un texto:

HojaWord.ActiveDocument.Paragraphs(1).**Alignment**= wdAlignParagraphJustify

Finalmente con la propiedad **Shading** (sombreado) combiaremos la apariencia del parágrafo. La propiedad Shading devuelve el objeto Shading con todas sus propiedades, entre las cuales cabe destacar la textura (**Texture**), el color de fondo del parágrafo (**BackgroundPatternColorIndex**), y el de texto (**ForegroundPattern_ ColorIndex**).

```
With Selection.Paragraphs(1).Shading
   .Texture = wdTexture10Pt5Percent        ' 10 % de textura
   .BackgroundPatternColorIndex = wdRed    ' color de fondo rojo
   .ForegroundPatternColorIndex = wdYellow ' color de texto amarillo
End With
```

CAPÍTULO 11

TRABAJAR CON TABLAS

La aplicación Word permite trabajar con tablas como si fuera una pequeña hoja de cálculo; ello permite emitir informes técnicos mostrando determinados datos en forma de tabla. Como introducción mostraremos una pequeña aplicación, donde se preparará una hoja de Word para que aparezca una tabla en el formato de vista preliminar, con un aumento definido del 50%.

Inicie una nueva aplicación e introduzca dos botones. A continuación abra la ventana de código e introduzca:

```
Option Explicit
Public HojaWord As Object

Private Sub Command1_Click()
Set HojaWord = CreateObject("Word.Application")
HojaWord.Visible=True
HojaWord.Documents.Add
HojaWord.TypeParagraph
HojaWord.Bold
HojaWord.FontSize=14
HojaWord.TypeText "Tabla de datos"
HojaWord. TypeParagraph
HojaWord.Tables.Add "", "5", "7", "Auto", , "34", "167"
HojaWord. PrintPreview
HojaWord.Zoom.Percentage=50
End Sub

Private Sub Command2_Click()
Set HojaWord = Nothing
End
End Sub
```

El resultado será de este estilo:

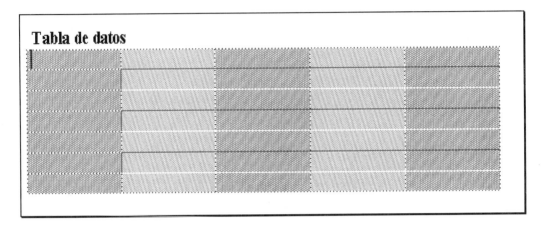

El método **Add** del objeto de conjunto **Tables** permite definir la tabla a insertar. Los parámetros son:

Tables.Add Conversión, número de columnas, número de filas, ancho de columna, asistente, formato, modelo

Si no se conoce algún parámetro, o no se quiere modificar, se deja un espacio libre entre comas. Discutiremos las propiedades y métodos de Tables al final del capítulo.

Para activar la presentación preliminar ejecutamos el método **PrintPreview**; y para aumentar la visión modificamos la propiedad del Objeto **Zoom** llamada **Percentage** en un 50%.

GENERAR UN GRÁFICO DESDE UNA TABLA

Empezaremos definiendo una tabla en un formulario, estos datos se introducirán dentro de una tabla de *Microsoft Word 2000* y a partir de ellos se generará un gráfico automático. Como en los anteriores apartados, explicaremos los pasos a seguir mediante un ejemplo sencillo, que el programador podrá rápidamente adaptar a su programa.

El primer paso consiste en referenciar la biblioteca de *Microsoft Word 2000* desde el menú *Proyecto*. Acto seguido, en el nuevo formulario de la aplicación introduciremos los siguientes controles:

Control	Propiedad	Valor
Formulario	Caption	Tabla
Caja de texto	Caption	""
	Index	0

Control	Propiedad	Valor
Caja de texto	Caption Index	"" 1
Caja de texto	Caption Index	"" 2
Caja de texto	Caption Index	"" 3
Caja de texto	Caption Index	"" 4
Caja de texto	Caption Index	"" 5
Formas (Shape)	BackColor BackStyle	&H008080FF& Opaque
Botón de control	Name Caption	Ejecutar Ejecutar
Botón de control	Name Caption	Salir Salir

La distribución de los controles ha de parecerse al siguiente ejemplo:

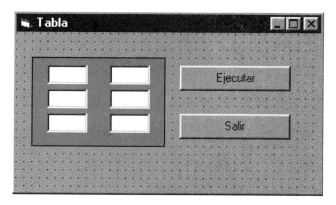

Queremos que la aplicación copie los datos que el usuario escriba en esta tabla cuando pulse el botón *Ejecutar* y con ellos dibuje una gráfica predeterminada.

Programaremos el suceso *Ejecutar* en la ventana de código, previamente definiremos la variable **HojaWord** como pública (se puede usar en toda la aplicación).

```
Option Explicit
Dim HojaWord As Object
Private Sub Ejecutar_Click()
Dim miTabla, misCeldas
```

```
'Empezamos a configurar la página Word :
Set HojaWord = CreateObject("Word.Application")
HojaWord.Visible = True
HojaWord.Documents.Add
```

Creamos un objeto Word que guardamos en una variable llamada HojaWord, la hacemos visible y añadimos un nuevo documento con el que podamos trabajar. Con la siguiente línea de código maximizamos la ventana donde aparece el nuevo documento.

```
HojaWord.Windows("Documento1").WindowState = wdWindowStateMaximize
```

Opcionalmente, también se podría añadir una nueva instrucción que simula trabajar con la pantalla completa:

```
'HojaWord.ActiveWindow.View.FullScreen = True
```

Insertemos los datos del formulario en una tabla de Word:

```
'Insertar Tabla
ActiveDocument.Tables.Add Range:=Selection.Range, NumRows:=4, NumColumns:=2
```

El método añadir tabla (**Add**) para versiones posteriores a Word 6.0 se configura con los siguientes argumentos:

- **Range**:

Devuelve un objeto Range que representa la parte de un documento contenida en el objeto especificado (en nuestro caso la aplicación Word).

- **NumRows**:

Número de filas de la tabla.

- **NumColumns**:

Número de columnas de la tabla.

Una vez tengamos la tabla dibujada sobre el documento, la llenamos con los datos que el usuario ha introducido. Para desplazarnos por las celdas usaremos los métodos MoverDerecha (**MoveRight**), MoverAbajo (**MoveDown**), MoverIzquierda (**MoveLeft**), MoverArriba (**MoveUp**). Cada método necesita conocer qué mueve (una celda o una línea) mediante el parámetro Unidad (**Unit**) y además cuántas posiciones lo mueve (una, dos, tres...) con el parámetro Cuenta (**Count**).

Los datos se han guardado en la familia de cajas de texto, cada uno con su número de índice (0,1,2,3,4,5). Ahora utilizaremos el contenido para volcarlo dentro de cada celda. Éste se encuentra con la propiedad **Text**.

```
'Llenamos de datos
HojaWord.Selection.TypeText "A"
HojaWord.Selection.MoveRight Unit:=wdCell
HojaWord.Selection.TypeText "B"
HojaWord.Selection.MoveDown Unit:=wdLine, Count:=1
HojaWord.Selection.TypeText Text1(3).Text
HojaWord.Selection.MoveDown Unit:=wdLine, Count:=1
HojaWord.Selection.TypeText Text1(4).Text
HojaWord.Selection.MoveDown Unit:=wdLine, Count:=1
HojaWord.Selection.TypeText Text1(5).Text
HojaWord.Selection.MoveLeft Unit:=wdCell
HojaWord.Selection.TypeText Text1(2).Text
HojaWord.Selection.MoveUp Unit:=wdLine, Count:=1
HojaWord.Selection.TypeText Text1(1).Text
HojaWord.Selection.MoveUp Unit:=wdLine, Count:=1
HojaWord.Selection.TypeText Text1(0).Text
```

Mejoraremos un poco la presentación de la tabla haciendo uso de la propiedad *autoformato* de tablas, con una simple instrucción se pueden conseguir unos efectos muy logrados.

```
'Autoformato de tabla
Set miTabla = ActiveDocument.Tables(1)

miTabla.AutoFormat Format:=wdTableFormatClassic1, _
   ApplyBorders:=True, ApplyShading:=True, ApplyFont:=True, _
   ApplyColor:=True, ApplyHeadingRows:=True, ApplyLastRow:=False, _
   ApplyFirstColumn:=False, ApplyLastColumn:=False, AutoFit:=True
```

Como vemos método autoformato () se configura con estos argumentos:

AutoFormat Format, ApplyBorders, ApplyShading, ApplyFont, ApplyColor,
    ApplyHeadingRows, ApplyLastRow, ApplyFirstColumn, ApplyLastColumn,
    AutoFit

•Format:

Formato de tabla previamente definido. Puede ser una de las constantes WdTableFormat. El valor predeterminado es wdTableFormatSimple1. En nuestro caso es wdTableFormatClassic1.

•ApplyBorders:

Para aplicar las propiedades de borde del formato especificado. El valor predeterminado es True.

•ApplyShading:

Para aplicar las propiedades de sombreado del formato especificado. El valor predeterminado es True.

•ApplyFont:

Para aplicar las propiedades de fuente del formato especificado. El valor predeterminado es True.

•ApplyColor:

Para aplicar las propiedades de color del formato especificado. El valor predeterminado es False.

•ApplyHeadingRows:

Para aplicar las propiedades de fila de títulos del formato especificado. El valor predeterminado es True.

•ApplyLastRow:

Para aplicar las propiedades de última fila del formato especificado. El valor predeterminado es False.

•ApplyFirstColumn:

Para aplicar las propiedades de primera columna del formato especificado. El valor predeterminado es True.

•ApplyLastColumn:

Para aplicar las propiedades de última columna del formato especificado. El valor predeterminado es False.

•AutoFit:

Para reducir la anchura de columna de tabla el máximo posible sin cambiar el ajuste de texto de las celdas. El valor predeterminado es True.

Seleccionamos el intervalo de celdas a representar gráficamente mediante la propiedad Range:

ActiveDocument.**Range(Start, End)**

La posición inicial en nuestro caso corresponde a la primera celda de la tabla Cell(1, 1) y la posición final a la última celda Cell(4, 2). Esta información la guardamos en la variable **misCeldas**.

```
'Seleccionamos las celdas a representar gráficamente
Set misCeldas = ActiveDocument.Range(miTabla.Cell(1, 1).Range.Start, _
                miTabla.Cell(4, 2).Range.End)
miTabla.Select
```

```
HojaWord.ActiveDocument.Shapes.AddOLEObject Anchor:=misCeldas, _
                ClassType:="MSGraph.Chart.9", filename:="", _
                LinkToFile:=False, DisplayAsIcon:=False

End Sub
```

En el último paso se ha dibujado el gráfico, insertando el objeto *Microsoft Graph 9.0*. Insertar un objeto cualquiera es tarea de la función AñadirObjetosOle **AddOLEObject** que depende de los argumentos:

Shapes.**AddOLEObject** (ClassType, FileName, LinkToFile, DisplayAsIcon, IconFileName, IconIndex, IconLabel, Range)

•ClassType:

Nombre de la aplicación utilizada para activar el objeto OLE especificado. Puede ver la lista de las aplicaciones disponibles en el cuadro *Tipo de objeto*, en la ficha *Crear nuevo* del cuadro de diálogo *Objeto* (menú **Insertar**). La cadena ClassType puede encontrarse al insertar un objeto como una forma entre líneas y al mostrar después los códigos de campo. El tipo de clase del objeto sigue a la palabra "Embed" (Incrustado) o "Link" (Vinculado). El objeto insertado se puede vincular o incrustar en el documento. Debe especificarse el argumento ClassType o el argumento FileName para el objeto, pero no ambos. En el primer caso (el nuestro), el objeto ni está ni incrustado ni vinculado.

Para obtener información acerca de los tipos de clase disponibles, vea Identificadores programáticos de OLE.

•FileName:

Archivo desde el que se creará el objeto. Si se omite este argumento, se utilizará la carpeta actual. Debe especificarse el argumento ClassType o el argumento FileName para el objeto, pero no ambos.

•LinkToFile:

True para vincular el objeto OLE al archivo desde el que se creó. False para que el objeto OLE sea una copia independiente del archivo. Si se especificó un valor para ClassType, el argumento LinkToFile debe ser False. El valor predeterminado es False.

•DisplayAsIcon:

True para que el objeto OLE se muestre como icono. El valor predeterminado es False.

•IconFileName:

Archivo que contiene el icono que debe mostrarse.

•IconIndex:

Número de índice del icono en IconFileName. El orden de los iconos del archivo especificado es aquel con el que aparecen en el cuadro de diálogo *Cambiar icono*, en el menú **Insertar**, cuadro de diálogo *Objeto*, si se activa la casilla de verificación *Mostrar como icono*. El primer icono del archivo tiene el número de índice 0 (cero). Si en IconFileName no existe ningún icono con el número de índice especificado, se utiliza el icono con el número de índice 1, segundo del archivo. El valor predeterminado es 0 (cero).

•IconLabel:

Título o rótulo que se mostrará debajo del icono.

•Left, Top:

Posición, en puntos, de la esquina superior izquierda del nuevo objeto con respecto al punto de fijación.

•Width, Height:

Anchura y altura del objeto OLE en puntos.

•Anchor:

Intervalo al que está asociado el objeto OLE. Si se especifica Anchor, el punto de fijación se coloca al principio del primer párrafo del intervalo de fijación. Si no se especifica, el punto de fijación se coloca de forma automática y el objeto OLE se sitúa en relación con los bordes superior e izquierdo de la página.

•Range:

Intervalo donde se colocará en el texto el objeto OLE. El objeto OLE reemplazará al intervalo si éste no está contraído. Si se omite este argumento, el objeto se coloca de forma automática.

Nos quedaba programar el suceso *Salir*, y como viene siendo habitual, liberaremos de memoria la variable pública **HojaWord**:

```
Private Sub Salir_Click()
Set HojaWord = Nothing
End
End Sub
```

Después de copiar el código anterior, al ejecutar la aplicación, tendría que aparecer una tabla parecida a ésta:

A	B
12	45
23	56
34	67

y seguidamente un gráfico generado con estos datos:

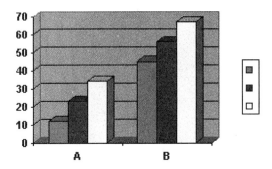

La primera fila de nuestra tabla sirve de título para cada grupo de columnas de nuestro gráfico comparado.

REALIZAR CÁLCULOS EN UNA TABLA

Otra de las operaciones importantes que podemos realizar en una tabla de Word, son determinados cálculos simples entre celdas. Recordar que la aplicación realmente preparada para operar con celdas es Microsoft Excel. Continuaremos con la aplicación anterior y a modo de ejemplo añadiremos dos nuevas celdas al final de cada columna, donde realizaremos operaciones de suma, producto y promedio.

Esta herramienta que nos ofrece Microsoft Word para operar con las celdas de una tabla, es útil en casos de cálculos simples de tablas sencillas, en estas situaciones no sería razonable insertar dentro de un documento Word una hoja Excel (que ya veremos más adelante) debido al largo tiempo de espera.

En el formulario anterior añadiremos dos controles más, que necesitaremos para conocer qué cálculos quiere realizar el usuario:

Control	Propiedad	Valor
Etiqueta	Caption Font Name	Cálculos con la tabla Estilo = Negrita Label1
Lista Desplegable	Text Name	"" Combo1

La distribución de los controles debe parecerse a:

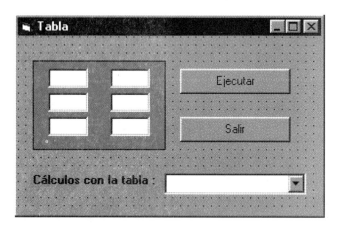

Modificaremos el código anterior para poder añadir las dos nuevas celdas en el caso de que el usuario elija realizar algún cálculo. Si realizamos el cálculo no representaremos la gráfica (ya la hemos visto en el apartado anterior).

Al cargar la aplicación se tienen que añadir a la lista desplegable **Combo1** todas las operaciones disponibles, para ello dentro del suceso **Form_Load()**, escribiremos:

```
Private Sub Form_Load()
 Combo1.AddItem "Suma"
 Combo1.AddItem "Promedio"
 Combo1.AddItem "Producto"
End Sub
```

En la línea de código donde se inserta la tabla, cambiaremos el número de filas de 4 a **5**:

ActiveDocument.Tables.Add Range:=Selection.Range, **NumRows**:=5, _
                NumColumns:=2

Ahora la representación o no del gráfico depende de si realizamos algún cálculo. Una manera rápida de controlar este suceso es mediante el condicional informático **if**. Substituiremos el código del título: *Seleccionamos las celdas a representar gráficamente* por el siguiente:

```
'Cálculos con tablas
If Combo1.ListIndex <> -1 Then
  Cálculos
Else
  'Borramos la línea que sobra
  HojaWord.Selection.MoveDown Unit:=wdLine, Count:=3
  HojaWord.Selection.Cells.Delete ShiftCells:=wdDeleteCellsEntireRow

  'Seleccionamos las celdas a representar gráficamente
  Set misCeldas = ActiveDocument.Range(miTabla.Cell(1, 1).Range.Start, _
            miTabla.Cell(4, 2).Range.End)
    miTabla.Select
    HojaWord.ActiveDocument.Shapes.AddOLEObject Anchor:=misCeldas, _
            ClassType:="MSGraph.Chart.8", filename:="", _
            LinkToFile:=False, DisplayAsIcon:=False

End If
```

Al programar estas líneas, se ha controlado si el usuario ha elegido alguna operación de la lista desplegable (**Combo1**). Si es cierto, la propiedad **ListIndex** de la lista desplegable valdrá determinado valor distinto de −1 y entonces ejecutaremos la función **Cálculos**; si no hubiera elegido ninguna operación le correspondería el valor −1, eliminaríamos la fila que sobra y representaríamos la tabla gráficamente.

Conseguimos eliminar una fila completa, situándonos encima de ella gracias al método **MoveDown** y aplicando el método **Delete** (Borrar):

Delete elimina la celda o celdas de una tabla y, opcionalmente, controla el desplazamiento de las celdas restantes.

```
Cells.Delete ShiftCells:=wdDeleteCellsEntireRow
```

•**ShiftCells:**

Dirección en la que van a desplazarse las celdas restantes. Puede ser una de las siguientes constantes **WdDeleteCells**: wdDeleteCellsEntireColumn, wdDeleteCells_EntireRow, wdDeleteCellsShiftLeft o wdDeleteCellsShiftUp.

La función **Cálculos** discriminará el cálculo a realizar, ya sea una suma, producto o promedio. Usaremos la sentencia de control **Select Case**.

Primero nos moveremos a la última celda y desde allí insertaremos la fórmula de cálculo deseada.

```
Public Function Cálculos()
HojaWord.Selection.MoveDown Unit:=wdLine, Count:=3
```

```
Select Case Combo1.List(Combo1.ListIndex)
    Case "Suma"
        HojaWord.Selection.InsertFormula Formula:="=SUMA(ENCIMA)"
        HojaWord.Selection.MoveRight Unit:=wdCell
        HojaWord.Selection.InsertFormula Formula:="=SUMA(ENCIMA)"
    Case "Producto"
        HojaWord.Selection.InsertFormula Formula:="=PRODUCTO(a2:a4)"
        HojaWord.Selection.MoveRight Unit:=wdCell
        HojaWord.Selection.InsertFormula Formula:="=PRODUCTO(b2:b4)"
    Case "Promedio"
        HojaWord.Selection.InsertFormula Formula:="=PROMEDIO(a2:a4)"
        HojaWord.Selection.MoveRight Unit:=wdCell
        HojaWord.Selection.InsertFormula Formula:="=PROMEDIO(b2:b4)"
End Select
End Function
```

La manera de expresar las celdas sobre las cuales aplicaremos la fórmula no es única, podemos usar palabras clave como: ENCIMA, IZQUIERDA, DERECHA, DEBAJO; o al igual que procedíamos para la aplicación Microsoft Excel, nombrando las celdas, de la primera a la última separadas por dos puntos.

El método **InsertFormula** (InsertarFórmula) se expresa:

Selection. **InsertFormula** Formula, NumberFormat

• **Fórmula:**

Fórmula matemática que desea que evalúe el campo = (Fórmula). Son válidas las referencias de tipo de hoja de cálculo a las celdas de la tabla. Por ejemplo, "=SUMA(A4:C4)" especifica los tres primeros valores de la cuarta fila. Otras funciones disponibles son:

Función	Descripción
ABS(x)	Valor positivo de un número o fórmula, independientemente de que su valor real sea positivo o negativo.
Y($x;y$)	Valor 1 si las expresiones lógicas x e y son verdaderas, o bien el valor 0 (cero) si alguna de ellas es falsa.
PROMEDIO( )	Promedio de una lista de valores.
CONTAR( )	Número de elementos de una lista.
DEFINIDO(x)	Valor 1 (verdadero) si la expresión x es válida, o valor 0 (falso) si la expresión no puede calcularse.
FALSO	0 (cero).

Función	Descripción
SI(x;y;z)	Resultado y si la expresión condicional x es verdadera, o resultado z si la expresión condicional es falsa. Tenga en cuenta que y y z, normalmente 1 y 0 (cero), pueden ser cualquier valor numérico o las palabras "Verdadero" y "Falso".
ENTERO(x)	Números situados a la izquierda de la posición decimal del valor o fórmula x.
MIN( )	El menor valor de una lista.
MAX( )	El mayor valor de una lista.
RESIDUO(x;y)	Residuo que resulta de dividir el valor x por el valor y un número de veces
NO(x)	Valor 0 (cero) falso si la expresión lógica x es verdadera, o valor 1 (verdadero) si la expresión es falsa.
O(x;y)	Valor 1 (verdadero) si una o ambas expresiones lógicas x e y son verdaderas o valor 0 (cero) falso, si ambas expresiones son falsas.
PRODUCTO( )	Resultado de multiplicar una lista de valores.
REDONDEAR(x;y)	Valor de x redondeado al número especificado de posiciones decimales: y; x puede ser un número o el resultado de una fórmula.
SIGNO(x)	Valor 1 si x es un valor positivo, o valor −1 si x es un valor negativo.
SUMA( )	Suma de una lista de valores o fórmulas.
VERDADERO	1.

- **NumberFormat:**

Establece el tipo de formato del resultado de salida. Veamos las distintas opciones que podemos conjugar:

Elemento de imagen	Realiza lo siguiente
0 (cero)	Especifica las posiciones numéricas necesarias que van a mostrarse en el resultado. Si el resultado no incluye ningún dígito en dicha posición, Word muestra un 0 (cero). Por ejemplo, **NumberFormat** : = "# 00,00" muestra "09,00".

Elemento de imagen	Realiza lo siguiente
#	Especifica las posiciones numéricas necesarias que van a mostrarse en el resultado. Si el resultado no incluye ningún dígito en dicha posición, Word muestra un espacio. Por ejemplo, NumberFormat : = "# ### $" muestra "15 $".
x	Coloca dígitos a la izquierda del marcador "x". Si el marcador está a la derecha de la coma decimal, Word redondea el resultado con dicha posición. Por ejemplo, NumberFormat : = "# x## " muestra "492". NumberFormat : = "# 0,00x"muestra "0,125". NumberFormat : = "# .x" muestra ",8".
, (coma decimal)	Determina la posición de la coma decimal. Por ejemplo, NumberFormat : = "# ###,00 $" muestra "495,47 $". *Nota* : Utilice el símbolo decimal especificado en el cuadro de diálogo Propiedades de Configuración regional del Panel de control de Windows. Si utiliza Windows NT 3.51, utilice el símbolo decimal especificado en el cuadro de diálogo Número del Panel de control Internacional.
, (símbolo de agrupación de dígitos)	Separa una serie de tres dígitos. Por ejemplo, NumberFormat = "# #.###.### $ muestra "2.456.800 $".Nota Utilice el símbolo decimal especificado en el cuadro de diálogo Propiedades de Configuración regional del Panel de control de Windows. Si utiliza Windows NT 3.51, utilice el símbolo decimal especificado en el cuadro de diálogo Número del Panel de control Internacional.

Ya introducidos estos cambios, ejecutaremos la aplicación, asignaremos los valores deseados a cada celda y la operación matemática que queremos realizar.

Una opción posible para el producto de las celdas de cada columna, debería ser:

A	B
12	6
3	4
5	21
180	504

Vemos el resultado al final de cada columna. Ahora el lector ya tiene los conocimientos básicos para proyectar su propio programa.

El listado final resumido de este último apartado:

```
Option Explicit
Dim HojaWord As Object

Private Sub Ejecutar_Click()
Dim miTabla, misCeldas
'Empezamos a configurar la página Word :
Set HojaWord = CreateObject("Word.Application")
HojaWord.Visible = True
HojaWord.Documents.Add

'HojaWord.ActiveWindow.View.FullScreen = True
HojaWord.Windows("Documento1").WindowState = wdWindowStateMaximize

'Insertar Tabla
ActiveDocument.Tables.Add Range:=Selection.Range, NumRows:=5, NumColumns:=2

'Llenamos de datos
HojaWord.Selection.TypeText "A"
HojaWord.Selection.MoveRight Unit:=wdCell
HojaWord.Selection.TypeText "B"
HojaWord.Selection.MoveDown Unit:=wdLine, Count:=1
HojaWord.Selection.TypeText Text1(3).Text
HojaWord.Selection.MoveDown Unit:=wdLine, Count:=1
HojaWord.Selection.TypeText Text1(4).Text
HojaWord.Selection.MoveDown Unit:=wdLine, Count:=1
HojaWord.Selection.TypeText Text1(5).Text
HojaWord.Selection.MoveLeft Unit:=wdCell
HojaWord.Selection.TypeText Text1(2).Text
HojaWord.Selection.MoveUp Unit:=wdLine, Count:=1
HojaWord.Selection.TypeText Text1(1).Text
HojaWord.Selection.MoveUp Unit:=wdLine, Count:=1
HojaWord.Selection.TypeText Text1(0).Text

'Autoformato de tabla
Set miTabla = ActiveDocument.Tables(1)

miTabla.AutoFormat Format:=wdTableFormatClassic1, _
    ApplyBorders:=True, ApplyShading:=True, ApplyFont:=True, _
    ApplyColor:=True, ApplyHeadingRows:=True, ApplyLastRow:=False, _
    ApplyFirstColumn:=False, ApplyLastColumn:=False, AutoFit:=True

'Cálculos con tablas
If Combo1.ListIndex <> -1 Then
  Cálculos
 Else
```

```vb
    'Borramos la línea que sobra
    HojaWord.Selection.MoveDown Unit:=wdLine, Count:=3
    HojaWord.Selection.Cells.Delete ShiftCells:=wdDeleteCellsEntireRow

    'Seleccionamos las celdas a representar gráficamente
    Set misCeldas = ActiveDocument.Range(miTabla.Cell(1, 1).Range.Start, _
                    miTabla.Cell(4, 2).Range.End)
    miTabla.Select
    HojaWord.ActiveDocument.Shapes.AddOLEObject Anchor:=misCeldas, _
                    ClassType:="MSGraph.Chart.8", filename:="", _
                    LinkToFile:=False, DisplayAsIcon:=False

End If

End Sub
Private Sub Form_Load()
 Combo1.AddItem "Suma"
 Combo1.AddItem "Promedio"
 Combo1.AddItem "Producto"
End Sub

Private Sub Salir_Click()
Set HojaWord = Nothing
End
End Sub



Public Function Cálculos()
HojaWord.Selection.MoveDown Unit:=wdLine, Count:=3
'HojaWord.Selection.InsertRows (1)

 Select Case Combo1.List(Combo1.ListIndex)
    Case "Suma"
       HojaWord.Selection.InsertFormula Formula:="=SUMA(ENCIMA)"
       HojaWord.Selection.MoveRight Unit:=wdCell
       HojaWord.Selection.InsertFormula Formula:="=SUMA(ENCIMA)"
    Case "Producto"
       HojaWord.Selection.InsertFormula Formula:="=PRODUCTO(a2:a4)"
       HojaWord.Selection.MoveRight Unit:=wdCell
       HojaWord.Selection.InsertFormula Formula:="=PRODUCTO(b2:b4)"
    Case "Promedio"
       HojaWord.Selection.InsertFormula Formula:="=PROMEDIO(a2:a4)"
       HojaWord.Selection.MoveRight Unit:=wdCell
       HojaWord.Selection.InsertFormula Formula:="=PROMEDIO(b2:b4)"
 End Select
End Function
```

PROPIEDADES GENERALES DE UNA TABLA

A continuación estudiaremos las propiedades más novedosas que nos ofrece *Microsoft Word 2000* para el tratamiento de tablas. La primera, **AllowAutoFit** permite cambiar automáticamente el tamaño de las celdas para ajustarlo al contenido. Si deseamos que esto ocurra sólo tenemos que escribir la siguiente línea de código:

HojaWord.ActiveDocument.Tables(1).**AllowAutoFit**=True

La propiedad **AllowPageBreaks** deja que la tabla se divida en los saltos de página. Como la anterior también es de tipo boleano:

HojaWord.ActiveDocument.Tables(1). **AllowPageBreaks** =True

Nos puede interesar por distintos motivos, dejar un espacio en blanco debajo de la tabla. Para conseguirlo usaremos la propiedad **BottomPadding** que establece en número de puntos el espacio deseado. Por ejemplo, si queremos 30 puntos escribiremos:

HojaWord.ActiveDocument.Tables(1). **BottomPadding** =30

Parecida a la anterior tenemos la propiedad **LeftPadding**, que determina el espacio en blanco en puntos que dejaremos a la izquierda de la tabla.

El tamaño de una celda lo controlamos con la propiedad **PreferredWidth**, que puede especificarse en puntos o en porcentaje del total de la ventana, en función de que la propiedad **PreferredWidthType** esté establecida en wdPreferredWidthPoints (puntos) o wdPreferredWidthPercent (porcentaje) o wdPreferredWidthAuto (automático, por defecto).

Si deseamos que nuestra tabla ocupe la mitad de la ventana:

```
With HojaWord.ActiveDocument.Tables(1)
    .PreforrodWidthTypc= wdPrcfcrrcdWidthPercent
    .PreferredWidth=50
End With
```

Finalmente, podemos decidir en qué dirección queremos ordenar las celdas de la tabla. La propiedad **TableDirection** puede adquirir dos constantes, wdTableDirectionLtr (ordenado de izquierda a derecha) o wdTableDirectionRtl (de derecha a izquierda).

CAPÍTULO 12

CAMPOS DE COMBINACIÓN

Una propiedad muy útil de la aplicación Word es la de crear correspondencia, o informes, para enviar a muchos amigos o clientes. Supongamos que tenemos que escribir dos mil cartas comerciales para informar de un nuevo producto que hemos lanzado al mercado. La primera posibilidad es hacer un documento y posteriormente sacar dos mil fotocopias, con lo que el documento no queda personalizado a la persona a la cual se dirige.

Para que de una manera rápida y simple podamos enviar dos mil cartas distintas donde sólo cambie el nombre del destinatario, usaremos una base de datos y una carta modelo.

El primer paso consiste en acceder a una base de datos donde tengamos los clientes almacenados, o si aún no la tenemos, habrá que construir una nueva. Si estamos en el segundo caso, y queremos construir una base de datos; podemos crearla fácilmente con el programa **Access**, siguiendo los pasos:

- Abrir la base de datos Access, y generar una nueva base llamada "Amigos".

- Por defecto aparecerá la ventana de diálogo con la etiqueta "Tabla" marcada. Apretamos el botón "Nuevo", y automáticamente obtendremos una nueva caja de diálogo con dos opciones:

- Elegimos "Nueva tabla" y llenamos la cuadrícula que aparecerá del modo siguiente:

- Guardamos la tabla creada con el nombre de "Amigos":

- Finalmente pulsamos el botón "Diseñar" e introducimos los datos que tengamos en la cuadrícula que aparecerá. Ya tenemos nuestra base de datos creada.

- **Importante**: Cuando guardemos nuestra base de datos "Amigos", antes de salir de la aplicación Access tendremos que recordar el directorio donde está guardada; por ejemplo en el directorio: " c:\Amigos".

El siguiente paso consistirá en abrir la aplicación Visual Basic, y en el formulario que aparezca introducir los controles:

Control	Propiedad	Valor
Formulario	Caption	Combinar correspondencia
Etiqueta1	Caption	Base de Datos
Etiqueta2	Caption	Tablas de la base
Caja de texto	Text	""
Caja de dialogo		
Lista		

Para añadir la caja de diálogo, primero hay que elegirlo de entre los componentes del menú Proyecto (en Visual Basic 6.0).

La caja de diálogo estándar, sirve para no tener que escribir el código necesario a la hora de pedir en qué directorio se encuentra el archivo deseado (en nuestro caso), o bien para cambiar el formato de los caracteres, o el color de la pantalla, etc.

Finalmente, sólo quedará añadir un menú en el formulario, apretando la tecla aparece la ventana:

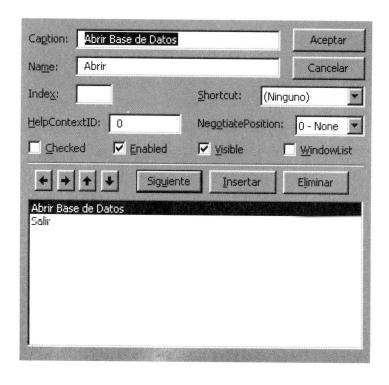

Escribimos los valores:

Caption	Name
Abrir Base de Datos	Abrir
Salir	Salir

La propiedad **Name** establece el nombre con el que será llamado este suceso.

El resultado de estos pasos será un formulario parecido a:

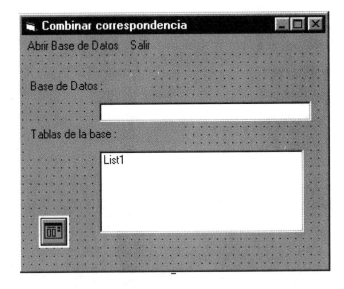

En la ventana de código definiremos cada suceso. Primero el usuario elegirá una base de datos pulsando *Abrir Base de Datos* (gracias a la caja de diálogo el código se reduce mucho). Luego, la base seleccionada aparecerá en la caja de texto, y en la lista tendremos todos las tablas correspondientes a esa base de datos. Más adelante explicaremos con un poco de profundidad cómo manipular las bases de datos.

Ahora introducimos el código necesario para que se produzcan todos estos sucesos. Al apretar la tecla F7, aparecerá automáticamente la ventana de código, donde escribimos:

```
Option Explicit
Public HojaWord As Object
Public Base As String ' nombre de la base escogida
Public Db As Database, Tabla As TableDef, Campo As Field
```

Los parámetros **Public** sirven para poderlos utilizar en cualquier parte del programa. Tenemos que definir una base de datos, las tablas de la base y los campos de la tabla (consulte el capítulo 4).

Dentro del suceso Abrir (del menú *Abrir Base de Datos*) escribimos:

```
Private Sub Abrir_Click()
On Error GoTo Errores        ' Controlamos los errores que se produzcan

CommonDialog1.CancelError = True    ' Cuando se pulse Cancelar
                                    'se generará un error

CommonDialog1.Filter = "Bases (*mdb)|*.mdb|" & _
        "Todos los ficheros (*.*)|*.*"
CommonDialog1.FilterIndex = 1           ' Filtro por defecto el 1

CommonDialog1.ShowOpen                  ' Abre la caja de diálogo

Base = CommonDialog1.FileTitle          ' Almacena la base en la
                                        ' cadena Base
If Base <> "" Then
    Set Db = OpenDatabase(Base)         ' Abrimos la base de datos
    For Each Tabla In Db.TableDefs
        List1.AddItem Tabla.Name        ' Añadimos las tablas en la lista
    Next
End If
Text1.Text = Base                       ' Se visualiza el nombre de la base
                                        ' en la caja de texto
puntero:
Exit Sub

Errores:
    ' Al apretar Cancelar se produce el error
If Err.Number = cdlCancel Then Exit Sub
MsgBox Err.Description                  ' Describe el error producido
    Resume puntero                      ' Vuelve al puntero
End Sub
```

Vemos que el primer paso consiste en asegurar que se puede salir de la caja de diálogo. Al apretar *Cancelar* se generará un error que nos llevará al puntero **Errores** y de allí saldremos del procedimiento con la condición **if** impuesta.

Luego seleccionaremos los filtros disponibles en la caja de diálogo, con el método:

CommonDialog1.**Filter** = descripción1 |filtro1 |descripción2 |filtro2...

Hay la descripción del filtro (descripción1) seguido por la extensión del filtro (filtro1). En nuestro caso sólo hay dos filtros (mdb - base Access- , y *.* - cualquier archivo-).

El método **ShowOpen** sirve para visualizar la caja de diálogo:

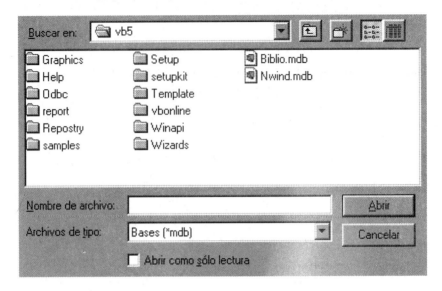

La propiedad **FileTitle** almacena la base seleccionada en la caja de diálogo. Nosotros guardamos esta ruta en la variable de cadena pública **Base**, para después presentar todas las tablas que forman dicha base, en la lista. Esto lo conseguiremos con una simple rutina en la cual se va identificando cada tabla y añadiéndola a la lista con la propiedad **AddItem**.

En el suceso List1_Click() escribimos:

```
Private Sub List1_Click()
Dim TablaElegida As String

TablaElegida = List1.List(List1.ListIndex)   ' Nombre de la tabla elegida en la lista
                                             ' queda almacenada en TablaElegida
  Set HojaWord = CreateObject("Word.Basic")
  HojaWord.ArchivoNuevo
  HojaWord.CombinarTipoDocPrincipal 0
  HojaWord.CombinarAbrirFuenteDatos Base, 0, 0, 1, 0, "", "", 0, "", "", _
     "TABLE " & TablaElegida, "SELECT * FROM [" & TablaElegida & "]", ""

  HojaWord.CombinarModificarDocPrincipal

End Sub
```

El usuario elegirá una tabla de la lista, y nosotros queremos que una vez elegida, la aplicación Word prepare un documento nuevo, en el cual los campos de dicha tabla estén disponibles para que el usuario pueda fácilmente prepararse una plantilla a medida.

La propiedad **CombinarTipoDocPrincipal** si vale 0 quiere decir que permitimos que se combine el documento principal (se modifique), y si vale 1 no se puede modificar, sino crear uno de nuevo.

La propiedad **CombinarAbrirFuenteDatos** es la más importante, ya que permite definir la base con la que queremos combinar el documento, la tabla, los campos de la tabla y establecer las condiciones que queramos sobre estos campos. Además podemos proteger la base y el documento. Los parámetros de esta propiedad son:

HojaWord.**CombinarAbrirFuenteDatos**   Nombre de la base, Confirmar conversiones, Sólo lectura,

              Vincular la fuente, Agregar AAUR, Contraseña Documento, Contraseña Dotación,

              Revertir, Escribir Contraseña Documento, Escribir Contraseña Dotación, Conexión.

              SQL. Instrucciones, SQL. Instrucciones1

Los parámetros que nosotros veremos ahora son los de **conexión**, donde hay que escribir la ruta de la base de datos. Y **SQL. Instrucciones** en la que escogemos todos los campos de la tabla. El * quiere decir *todos los campos*. De los demás parámetros que ahora no utilizamos escribimos su valor por defecto entre comas, tal como tenemos en el ejemplo.

Finalmente, con el procedimiento **CombinarModificarDocPrincipal** efectuamos todos los cambios descritos anteriormente sobre el documento principal. Para la base creada al principio de este punto, la base "*Amigos*", el documento principal aparecería:

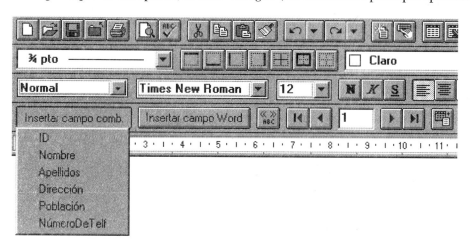

Podemos elegir cualquier campo del menú desplegable (*Insertar campo comb.*) e insertarlo en la parte que queramos de nuestro documento. Sólo tendremos que ir pulsando el indicador de registros, para observar cómo todo permanece igual excepto el valor del campo insertado.

En estas condiciones, todo está preparado para empezar a diseñar la plantilla que queramos. Un usuario cualquiera, sin tener muchos conocimientos previos, podría fácilmente crear una plantilla como ésta:

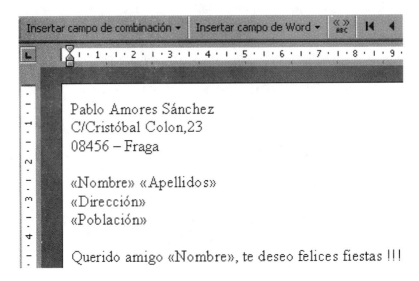

Esta nota, escribiéndola una sola vez, la podemos repetir para tantos amigos como tengamos, y para cada uno será distinta, ya que corresponde a un registro diferente.

Un paso sencillo que podríamos introducir en el programa, sería que él mismo preparara la plantilla tal como la tenemos arriba.

PLANTILLAS DE COMBINACIÓN CON WORD 2000

En el caso de que tengamos la versión 2000 o superior de Microsoft Word, los procedimientos anteriores cambian ligeramente. La propiedad **CombinarAbrir-FuenteDatos** ahora se substituye por la instrucción: **OpenDataSource**. Cada argumento de la anterior instrucción es valido para ésta. Depende de cómo hayamos configurado la aplicación Word, el argumento lo escribiremos en inglés o español. En el primer caso:

HojaWord.ActiveDocument.MailMerge.**OpenDataSource** Name, ConfirmConversions,
        ReadOnly, LinkToSource, AddToRecentFiles, PasswordDocument,
        PasswordTemplate, WritePasswordDocument, _
        WritePasswordTemplate, Revert, Format, Connection, SQLStatement, _
        SQLStatement1

Expliquemos cuál es la funcionalidad de cada argumento:

•Name:

Nombre del archivo del origen de datos. En Windows puede especificar un archivo de Microsoft Query (.qry) en vez de un origen de datos, una cadena de conexión y una de consulta.

•Format:

Convertidor de archivos utilizado para abrir el documento. Puede ser una de las siguientes constantes **WdOpenFormat**: wdOpenFormatAuto, wdOpenFormat_ Document, wdOpenFormatRTF, wdOpenFormatTemplate, wdOpenFormat_ Text o wdOpenFormatUnicodeText. El valor predeterminado es wdOpenFormatAuto.

Para especificar un formato de archivo externo, utilice la propiedad **OpenFormat** con objeto **FileConverter** para determinar el valor que va a usarse con este argumento.

•ConfirmConversions:

True para mostrar el cuadro de diálogo *Convertir archivo* si el archivo no está en formato de Word.

•ReadOnly:

Para abrir el origen de datos en base de sólo lectura.

•LinkToSource:

Para realizar la consulta especificada por **Connection** y **SQLStatement** cada vez que se abra el documento principal. El documento queda ligado a la fuente de datos.

•AddToRecentFiles:

Para agregar el nombre del archivo a la lista de archivos utilizados recientemente en la parte inferior del menú Archivo.

•PasswordDocument:

Contraseña utilizada para abrir el origen de datos.

•PasswordTemplate:

Contraseña utilizada para abrir la plantilla.

•Revert:

Controla lo que ocurre si **Name** es el nombre del archivo de un documento abierto. *True* para ignorar los cambios no guardados del documento abierto y volver a abrirlo; *False* para activar el documento activo.

•WritePasswordDocument:

Contraseña utilizada para guardar los cambios del documento.

•WritePasswordTemplate:

Contraseña utilizada para guardar los cambios de la plantilla.

•Connection:

Intervalo en el que va a ejecutarse la consulta especificada por **SQLStatement**. La forma en la que se especifica el intervalo dependerá de la forma de recuperación de los datos. Por ejemplo:

- Al recuperar datos a través de ODBC, sólo Windows, especifique una cadena de conexión.

- Al recuperar datos de Microsoft Excel mediante el intercambio dinámico de datos (DDE), especifique un intervalo citado.

- Al recuperar datos de Microsoft Access, sólo Windows, especifique la palabra "Tabla" o "Consulta" por el nombre de una tabla o consulta.

Ejemplo:

connection :="ODBC;DATABASE=NombreDeLaBase; UID=sa; _
PWD=;DSN=NombreOrigen"

•SQLStatement:

Define opciones de consulta para recuperar datos. Por ejemplo: "SELECT * FROM tabla WHERE campo1 = <10 "

•SQLStatement1:

Si la cadena de la consulta tiene más de 255 caracteres, SQLStatement especifica la primera parte de la cadena y SQLStatement1 la segunda.

Para determinar las cadenas de conexión y de consulta **ODBC**, establezca las opciones de consulta manualmente y utilice la propiedad **QueryString** para devolver la cadena de conexión. En la siguiente tabla se incluyen palabras clave de **SQL** de uso común.

Palabra clave	Descripción
DSN	Nombre del origen de datos ODBC
UID	ID de conexión del usuario
PWD	Contraseña especificada por el usuario
DBQ	Nombre del archivo de base de datos.
FIL	Tipo de archivo

El método **OpenDataSource** pertenece al conjunto de métodos del objeto **MailMerge**. Representa el conjunto de operaciones disponibles para la combinación de correspondencia de Word.

COMBINAR DOCUMENTOS Y CAMPOS DE WORD

La aplicación Word nos ofrece la oportunidad de combinar distinta correspondencia, ya sean *Etiquetas postales, Cartas modelo, Sobres* o *Catálogos*. Es decir, a partir de una base de datos, ya hemos visto lo fácil que resulta generar una carta, sobre, etc. para cada cliente de la base de datos.

La información del tipo de documento que queremos, la depositamos en la propiedad **MainDocumentType** del objeto **MailMerge**. Dicha propiedad devuelve o establece el tipo de documento principal de combinación de correspondencia. Puede ser una de las siguientes constantes **WdMailMergeMainDocType:** wdCatalog (Catálogo), wdEnvelopes (Sobres), wdFormLetters (Cartas Modelo), wdMailingLabels (Etiquetas postales) o wdNotAMergeDocument (Convertir en documento normal de Word).

Éste es el procedimiento para seleccionar el tipo de documento principal a usar. El paso siguiente puede ser la simple colocación de los campos de nuestra base de datos donde queramos (ya lo vimos en el apartado anterior), o bien avanzar en las posibilidades de Word, insertando los campos propios de *Microsoft Word*:

preguntar, rellenar, si...entonces...sino, combinar registro nº, combinar secuencia nº, próximo registro, próximo registro si, asignar marcador, saltar registro si.

Al insertar los siguientes campos en un documento principal, podrá incluir información adicional en los documentos de combinación resultantes y controlar el proceso de combinación de datos.

CAMPO *PREGUNTAR* (**AddAsk**):

Los campos *preguntar* y *rellenar* muestran mensajes para que pueda agregar notas personales a los clientes u otro tipo de información que no desee guardar en un origen de datos. El mensaje puede mostrarse cada vez que se combine un nuevo registro de datos con el documento principal, de forma que pueda incluir información exclusiva en cada carta o en otro documento de combinación resultante.

MailMergeFields.Fields.**AddAsk**(Range, Name, Prompt, DefaultAskText, AskOnce)

- **Range:**

    Ubicación en el documento del campo *preguntar*.

- **Name:**

    Nombre del marcador al que se asigna la respuesta o el texto predeterminado.

- **Prompt:**

    Texto que aparece en el cuadro de diálogo.

- **DefaultAskText:**

    Respuesta predeterminada que aparece en el cuadro de texto cuando se muestra el cuadro de diálogo.

- **AskOnce:**

    True para mostrar el cuadro de diálogo una sola vez en lugar de mostrarlo cada vez que se combina un nuevo registro de datos.

CAMPO *RELLENAR* (**AddFillIn**):

Inserte un campo *rellenar* en el documento principal, en la posición en la que desee imprimir la respuesta al mensaje. Al igual que en el caso anterior, el formato del método se programa con la línea de instrucción:

MailMergeFields.Fields..**AddFillIn**(Range, Prompt, DefaultFillInText, AskOnce)

La definición de cada argumento es la misma que el precedente.

CAMPO *SI...ENTONCES...SINO* (**AddIf**):

Los campos *SI* son los más utilizados al poder realizan una de dos acciones alternativas, en función de la condición especificada. Por ejemplo, la instrucción "Si hace sol, iremos al parque; si no, iremos al cine" especifica una condición que debe cumplirse (que haga sol) para realizar una determinada acción (ir al parque). Si no se cumple la condición, se realiza una acción alternativa (ir al cine). Alternativamente, podríamos discriminar un campo de *lista propiedad* de una inmobiliaria (inmueble de alquiler o de venta). Si fuera de alquiler aparecería "Precio de alquiler" y si no se cumple la condición "Precio de venta".

MailMergeFields.Fields.**AddIf**(Range, MergeField, Comparison, CompareTo, TrueAutoText, TrueText, FalseAutoText, FalseText)

Los argumentos aún no definidos:

• **MergeField:**

Nombre del campo de combinación de los disponibles en nuestra base de datos.

• **Comparison:**

Operador que se utiliza en la comparación para poder determinar si se cumple o no la condición. Puede ser una de las siguientes constantes **WdMailMergeComparison**: wdMergeIfEqua (igual), wdMergeIfGreaterThan (más grande que), wdMergeIfGreaterThanOrEqual (más grande o igual que), wdMergeIfIsBlank (vacío), wdMergeIfIsNotBlank (no vacío), wdMergeIfLessThan (menor que), wdMergeIfLessThanOrEqual (menor o igual que) o wdMergeIfNotEqual (distinto).

• **CompareTo:**

Texto que se compara con el contenido de MergeField. Por ejemplo, comparamos el campo *"TipoInmueble"* (que contiene los valores, alquiler o propiedad).

• **TrueAutoText:**

Elemento de Autotexto que se inserta si la comparación es verdadera. Si se especifica este argumento, se pasa por alto TrueText. En nuestro ejemplo, si la comparación *"TipoInmueble"* = *"Alquiler"* es cierta, tiene que aparecer el texto *"Precio de Alquiler"*.

• **TrueText:**

Texto que se inserta si la comparación es verdadera.

• **FalseAutoText:**

Elemento de Autotexto que se inserta si la comparación es falsa. En nuestro caso, el texto sería :"*Precio de Propiedad*". Si se especifica este argumento, se pasa por alto FalseText.

• **FalseText:**

Texto que se inserta si la comparación es falsa.

CAMPO *COMBINAR REGISTRO Nº* (**AddMergeRec**):

Muestra *regcombinación* como resultado del campo. Utilice este campo en un documento principal de combinación de correspondencia para imprimir el número del registro de datos combinado de cada documento resultante.

El número refleja el orden secuencial de los registros de datos seleccionados y, posiblemente, ordenados para combinarlos con el documento principal activo. No indica el orden real de los registros en el origen de datos "físico". Es decir, no aparece el número total de registros que hay en la base de datos, sino sólo los obtenidos mediante nuestras reglas de selección.

MailMergeFields.Fields.**AddMergeRec**(Range)

Recordar que Range sitúa el campo *regcombinación* dentro del documento activo.

CAMPO *COMBINAR SECUENCIA Nº* (**AddMergeSeq**):

El campo *seccombinación* inserta un número basado en la secuencia en la que se combinan los registros de datos (por ejemplo, al combinar el registro 50 de los registros 50 a 100, el campo *seccombinación* inserta el número 1).

MailMergeFields.Fields.**AddMergeSeq**(Range)

CAMPO *PRÓXIMO REGISTRO* (**AddNext**):

El campo *siguiente* avanza hasta el siguiente registro de datos de manera que se pueden combinar datos de varios registros en el mismo documento de combinación.

MailMergeFields.Fields.**AddNext**(Range)

CAMPO *PRÓXIMO REGISTRO SI* (**AddNextIf**):

El campo *próximosi* compara dos expresiones, y si la comparación es verdadera, el siguiente registro de datos se combina con el documento de combinación actual.

MailMergeFields.Fields.**AddNextIf**(Range, MergeField, Comparison, CompareTo)

CAMPO *ASIGNAR MARCADOR* (**AddSet**):

El campo *asignar* asigna un valor, ya sea texto o números, a un marcador. Para imprimir este valor en los documentos de combinación resultantes, deberá insertar un campo de marcador en el documento principal

MailMergeFields.Fields.**AddSet**(Range, Name, ValueText, ValueAutoText)

•**Name:**

Nombre del marcador al que está asignado ValueText. Por ejemplo llamaremos al marcador, *puntero*.

•**ValueText:**

Texto asociado con el marcador especificado por el argumento Name. Por ejemplo, el texto que puede acompañar al marcador puntero, *"Aquí hay un puntero"* aparecerá en cada documento de combinación.

•**ValueAutoText:**

Elemento de Autotexto que incluye texto asociado con el marcador especificado por el argumento Name. Si se especifica este argumento, ValueText se pasa por alto.

CAMPO *SALTAR REGISTRO SI* (**AddSkipIf**):

El campo *saltarsi* compara dos expresiones, y si la comparación es verdadera, *saltarsi* pasa al siguiente registro de datos del origen de datos y comienza un nuevo documento de combinación.

MailMergeFields.Fields.**AddSkipIf**(Range, MergeField, Comparison, CompareTo)

Los argumento son equivalentes a los definidos para el campo *si...entonces...sino* (**AddIf**).

CAPÍTULO 13

TRABAJAR CON COLUMNAS

A veces nos puede interesar no escribir todo el texto de una forma larga y prosaica, sino dividirlo en columnas. Al dividir un texto en columnas se consigue que la lectura sea más ágil y dinámica debido al reducido tamaño de la oración. La cabeza no tiene que desplazarse de izquierda a derecha, con lo que se favorece la lectura en diagonal (mucho más rápida). Éste el motivo principal por el que los periódicos escriben utilizando distintas columnas (dos, tres, etc.).

Aunque se utilicen columnas para redactar, no impide que podamos insertar imágenes, archivos, tablas... o cualquier otro objeto, al igual que en un documento convencional. En este capítulo manipularemos la aplicación Microsoft Word a través de Visual Basic, con la finalidad de crear un documento parecido a un periódico. En las líneas que vienen a continuación aprenderemos a prepararlo y crear columnas de estilo periódico.

CREAR COLUMNAS DE ESTILO PERIÓDICO

Crearemos una nueva aplicación, en la cual el usuario podrá escoger el número de columnas que desea para escribir su periódico, además de una barra de separación entre columnas.

Podemos realizar esta aplicación para *Microsoft Word 2000*, y utilizando código en inglés. La compatibilidad de los dos idiomas es total (inglés y castellano), sólo depende de cómo hayamos configurado su instalación. En los capítulos anteriores hemos utilizado el castellano, ahora veremos que podemos hacer lo mismo pero en inglés. Para pasar de un lenguaje a otro, deberemos traducir las oraciones tal como las entiende Visual Basic. Así, por ejemplo, la instrucción ArchivoNuevo equivale a la instrucción FileNew.

Abriremos una nueva aplicación en la que introduciremos los controles:

Control	Propiedad	Valor
Form	Caption	Periódico
Frame	Caption	Opciones
CheckBox	Name	Check1
	Index	0
	Caption	Una Columna
CheckBox	Name	Check1
	Index	1
	Caption	Dos Columnas
CheckBox	Name	Check1
	Index	2
	Caption	Tres Columnas
CheckBox	Name	Check2
	Caption	Línea de Separación
CommandButton	Name	Ejecutar
	Caption	Ejecutar
	Font (tamaño)	10
	Font (Estilo)	Negrita
CommandButton	Name	Salir
	Caption	Salir
	Font (tamaño)	10
	Font (Estilo)	Negrita

El resultado de hacer estos cambios debe ser parecido a un formulario como éste:

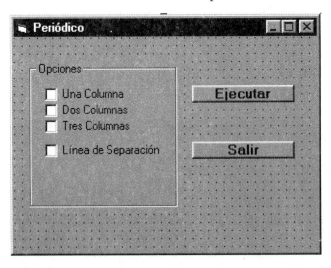

El siguiente paso consiste en introducir las instrucciones necesarias para responder a cada suceso. Estos sucesos son: Escoger un número de columnas, la línea de separación y pulsar el botón *"Ejecutar"* o *"Salir"*.

El primer paso para vincular dos aplicaciones (Word y V.Basic) consiste en escoger *la biblioteca de Microsoft Word* de la lista de referencias en el menú *Proyecto*.

A continuación pasamos a describir cada suceso. En la ventana de código empezaremos definiendo la variable pública **HojaWord**. Servirá para poder usar los objetos de la aplicación Microsoft Word con la aplicación Visual Basic:

```
Option Explicit
Public HojaWord As Object
```

La aplicación sólo tiene que responder ante el suceso *"Ejecutar"*, y no durante la elección del número de columnas por parte del usuario. Por ello, introduciremos las acciones a realizar, en el suceso apretar el botón *Ejecutar*, (**Ejecutar_Click**).

La elección del número de columnas la guardaremos en una variable de tipo número entero (**Integer**) llamada **NúmColumnas**, y la elección de la línea de separación entre columnas la guardaremos en una variable lógica (**Boolean**) llamada **Separación**.

```
Private Sub Ejecutar_Click()
Dim NúmColumnas As Integer   'número
Dim Separación As Boolean 'lógica
Dim n, m
```

Las variables **n,m** por defecto serán de tipo **Variant**, y se utilizan para ejecutar distintos bucles de operaciones.

Para determinar cuántas columnas ha elegido el usuario, el lector tiene que recordar que las cajas de control (*Una Columna, Dos Columnas, Tres Columnas*) formaban una familia de controles de índices del **0** al **2**. Ahora únicamente habremos de determinar qué caja de control (**Check1(n)**) está elegida, es decir, cuyo valor sea 1.

```
'Analizamos el número de columnas elegido
NúmColumnas = 1
For n = 0 To 2
  If Check1(n).Value = 1 Then
    NúmColumnas = n + 1     ' Número de columnas una más que el índice
  End If
Next n
```

De una manera similar, conoceremos la elección o no de la línea de separación entre columnas. Si ha elegido la línea, entonces a la variable lógica **Separación** le corresponde el valor *verdadero*(**True**), sino *falso* (**False**).

```
'Con o Sin separación
If Check2.Value = 1 Then
  Separación = True
  Else
  Separación = False
End If
```

Ya conocemos qué quiere el usuario, ahora empezamos a preparar la aplicación Microsoft Word 2000, exactamente como ha elegido. Crearemos un objeto nuevo, que será una aplicación de Word. La haremos visible y añadiremos un nuevo documento donde configurar la página:

```
'Empezamos a configurar la página Word:
Set HojaWord = CreateObject("Word.Application")
HojaWord.Visible = True
HojaWord.Documents.Add
```

Para que realmente el usuario aprecie que se ha respetado su elección, la presentación de la página de Word ha de ser en **Diseño de página**, en las otras vistas no aparecerían las líneas de división de columnas.

Cambiamos el tipo de *Vista*, utilizando el objeto **Vista** (**View**) del panel activo (**ActivePane**) de la ventana activada (**ActiveWindow**) de mi aplicación Word. El objeto Vista controla todas las propiedades referidas a la visión de la aplicación, entre ellas el tipo de Vista (**Type**), que puede ser *Normal* (**wdNormalView**) por defecto, de *Diseño en pantalla* (**wdOutlineView**), de *Esquema* (**wdMasterView**), y la que queremos nosotros de *Diseño de página* (**wdPageView**).

Otras propiedades útiles del objeto Vista pueden ser el Zoom que me permite ampliar el campo de visión en un determinado porcentaje, por ejemplo:

```
ActiveWindow.View.Zoom.Percentage = 120
```

o poder visualizar el encabezado o pie de página actual con la propiedad **SeekView**:

```
ActiveWindow.View.SeekView = wdSeekCurrentPageFooter
```

En nuestro caso sólo utilizaremos la propiedad Tipo (**Type**) para cambiar la *Vista* de la página:

```
'Tipo de vista de página
If HojaWord.ActiveWindow.ActivePane.View.Type = wdNormalView Or _
   HojaWord.ActiveWindow.ActivePane.View.Type = wdOutlineView Or _
   HojaWord.ActiveWindow.ActivePane.View.Type = wdMasterView Then
   HojaWord.ActiveWindow.ActivePane.View.Type = wdPageView
End If
```

Definamos, finalmente, las columnas que queremos. Todas las propiedades de las columnas las contiene el objeto **TextColumns**, que a su vez forma parte del conjunto de objetos del objeto *configuración de página* **PageSetup**.

De las propiedades del objeto ColumnasTexto (), nosotros queremos modificar la que controla el número de columnas **SetCount**, así como la que dibuja o no la línea de separación **LineBetween**. Además hemos añadido, a título de ejemplo, otra propiedad llamada **EvenlySpaced** (IgualEspaciado) que en caso de asignarle un valor verdadero provocará que todas las columnas estén igualmente espaciadas entre sí.

```
'Número de Columnas y Separación
With HojaWord.Application.ActiveDocument.PageSetup.TextColumns
   .SetCount NumColumns:=NúmColumnas
   .EvenlySpaced = False
   .LineBetween = Separación
End With
```

Si termináramos aquí la aplicación, no veríamos que realmente hemos configurado la página para escribir en columnas. Para que su efecto sea efectivo, hay que llenar la hoja con texto.

```
'Introducimos texto y figuras
For m = 1 To NúmColumnas
   For n = 0 To 40
      HojaWord.Selection.TypeParagraph
      HojaWord.Selection.TypeText Text:="Texto"
   Next n

   HojaWord.ActiveDocument.Shapes.AddShape(15, _
      93.6, 136.8 + m * 80, 72#, 72#).Select
Next m

End Sub
```

El código anterior sirve para escribir en cada línea de texto la palabra "Texto". Abrimos un nuevo parágrafo con la propiedad **TypeParagraph**, e introducimos el texto con la propiedad **TypeText**. Además añadiremos figuras geométricas para romper la monotonía de las columnas de texto.

Finalmente, si el usuario eligiera salir de la aplicación(**Salir_Click**), escribiríamos:

```
Private Sub Salir_Click()
Set HojaWord = Nothing
End
End Sub
```

El resultado de ejecutar la aplicación será parecido a éste: (teniendo en cuenta que aquí mostramos sólo una parte de la hoja).

```
· 5 · | · 4 · | · 3 · | · 2 · | ]    ▨ · | · 1 · | · 2 · | · 3 · | · 4 ·    ] | · 6 ·
```

Texto	Texto	Texto
Texto	Texto	Texto
Texto	Texto	Texto
Texto	Texto	Texto
Texto	Texto	Texto
Texto	Texto	Texto
Texto	Texto	Texto

EDITAR EL FORMATO DE LAS COLUMNAS

Una vez establecido el formato de las columnas, éste puede modificarse para variar alguna de sus propiedades en la totalidad del documento, o sólo una parte. En el último caso tendremos que introducir un concepto nuevo, **las secciones**. Si nuestro objetivo es crear un periódico, nos podemos encontrar con la necesidad de utilizar una parte de la página para texto de cuatro columnas y otra parte a dos columnas (porque son de temas distintos). En estos casos, al principio de la página abriremos una **sección**, y todos los cambios que hagamos en el formato del documento (variar el número de columnas de texto, amplitud de las columnas, líneas divisorias...) serán válidos en esta sección del documento. Cuando queramos especificar otro tipo de formato (usar otro número de columnas de texto, etc.), insertaremos un **salto de sección**, a partir del cual podremos definir unas características distintas para esta sección del documento.

Una nueva sección puede empezar a continuación de la anterior, en la página siguiente, en una página par o impar. Todo dependerá de cómo la definamos.

Pondremos en práctica el empleo de las secciones con el fin de crear una página de distintos formatos. A partir de la página creada en el apartado anterior, le añadiremos cuatro secciones, es decir, subdividiremos la página en cuatro espacios independientes dentro de la misma hoja. En la primera sección, escribiremos el texto en tres columnas, en la segunda sección no habrá ninguna columna (en este caso decimos que hay una única columna), en la tercera sección introduciremos un texto escrito con **WordArt**, y finalmente en la cuarta sección continuaremos con un texto de cuatro columnas.

Continuando con el ejemplo anterior, añadiremos en el formulario *Periódico* un control de opción (**Option1**). A su propiedad **Caption** le asignaremos el valor *"Formato con secciones"*. El resultado ha de parecerse a:

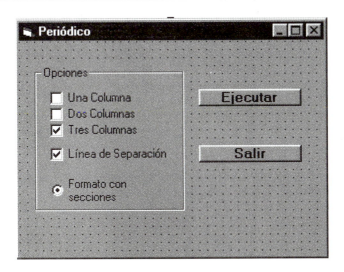

Aprovecharemos la aplicación anterior para introducir estos cambios de sección. Al final del suceso **Private Sub Ejecutar_Click()** añadiremos la instrucción:

```
' Ampliación
If Option1.Value = True Then Ampliación
```

Con esta instrucción controlamos si el usuario ha elegido o no el formato con secciones. En caso afirmativo, se ejecutará la función **Ampliación**. En dicha función, estableceremos todos los cambios que modificarán la página actual, añadiendo las cuatro secciones.

En la ventana de código del formulario *Periódico*, definiremos la función pública **Ampliación()**:

Public Function Ampliación()

'1ª Sección
HojaWord.Selection.**MoveUp** unit:=**wdLine**, Count:=-20
HojaWord.Selection.**InsertBreak** Type:=**wdSectionBreakContinuous**
With HojaWord.Selection.PageSetup.TextColumns
   .**SetCount NumColumns**:=3
   .**LineBetween** = True
End With

En esta primera sección, el primer paso consiste en retroceder unas veinte líneas para insertar la primera sección. Ello se consigue con el método **MoveUp** (Mover arriba) que depende de los parámetros principales **unit** (Unidad), **Count** (El número de unidades que va a moverse la selección). La unidad establece qué es lo que movemos arriba (tipo de selección), pueden ser líneas **wdLine** u otra de las constantes siguientes:

wdParagraph (parágrafo), **wdWindow** (ventana activa, pero únicamente una unidad) o **wdScreen** (pantalla). El valor predeterminado es **wdLine**.

Una vez nos hemos movido hacia arriba veinte líneas, insertamos el salto de sección. Usaremos el método **InsertBreak** (Insertar salto). El tipo de salto quedará definido en el parámetro **Type** (Tipo). Puede ser una de las siguientes constantes **wdPageBreak** (salto de página), **wdColumnBreak** (salto de columna), **wdSection-BreakNextPage** (salto de sección en la página siguiente), **wdSectionBreakContinuous** (salto de sección continuo), **wdSectionBreakEvenPage** (salto de sección en página par), **wdSectionBreakOddPage** (salto de sección en página impar) o **wdLineBreak** (salto de línea). El valor predeterminado es **wdPageBreak**.

Ya tenemos el salto de sección, ahora podríamos establecer cómo queremos que aparezca el texto. En nuestro caso, sería en columnas, con un espacio entre columna y columna de 1.25 centímetros (**Spacing**) y una anchura de 4.17 centímetros (**Width**). Además, las distancias entre columnas no han de estar igualmente repartidas (**EvenlySpaced = False**).

HojaWord.ActiveDocument.PageSetup.TextColumns.Add **Width**:CentimetersToPoints(4.17)
, **Spacing**:= CentimetersToPoints(1.25), **EvenlySpaced**:=False

El número de columnas será de tres (**SetCount**) y querremos una línea de separación entre columnas (**LineBetween**).

En la misma página de código continuamos introduciendo las instrucciones para definir la segunda sección:

```
'2ª Sección
HojaWord.Selection.MoveDown unit:=wdLine, Count:=15
HojaWord.Selection.InsertBreak Type:=wdSectionBreakContinuous
With HojaWord.Selection.PageSetup.TextColumns
    .SetCount NumColumns:=1
    .LineBetween = False
End With
```

La segunda sección la situamos quince líneas debajo de la primera sección, usando el método **MoveDown** (Mover debajo), análogo al método **MoveUp**. El texto no contendrá columnas (una columna) y no dibujaremos ninguna línea de separación entre columnas.

```
'3ª Sección
HojaWord.Selection.InsertBreak Type:=wdSectionBreakContinuous
'WordArt
HojaWord.ActiveDocument.Shapes.AddTextEffect(22, _
    "Estilo Periodístico", "Geometr231 BT", 36#, False, _
    True, 207#, 113.3).Select
HojaWord.CommandBars("WordArt").Visible = False
```

En la tercera sección dibujaremos el texto *"Estilo Periodístico"* mediante la aplicación **WordArt**. Esta aplicación se puede configurar utilizando el método **AddTextEffect**.

AddTextEffect PresetTextEffect, Text, FontName, FontSize, FontBold, _
    FontItalic, Left, Top, Anchor

Definimos cada argumento de este método:

- **PresetTextEffect**:

Efecto del texto preestablecido. Puede ser una de las siguientes constantes **MsoPresetTextEffect**:

msoTextEffect1, msoTextEffect2, msoTextEffect3, msoTextEffect4, msoTextEffect5, msoTextEffect6, msoTextEffect7, msoTextEffect8, msoTextEffect9, msoTextEffect10, msoTextEffect11, msoTextEffect12, msoTextEffect13, msoTextEffect14, msoTextEffect15, msoTextEffect16, msoTextEffect17, msoTextEffect18, msoTextEffect19, msoTextEffect20, msoTextEffect21, msoTextEffect22, msoTextEffect23, msoTextEffect24, msoTextEffect25, msoTextEffect26, msoTextEffect27, msoTextEffect28, msoTextEffect29, msoTextEffect30.

- **Text**:

Texto del objeto WordArt.

- **FontName**:

Nombre de la fuente utilizada en el objeto WordArt.

- **FontSize**:

Tamaño, en puntos, de la fuente utilizada en el objeto WordArt.

•**FontBold**:

True para establecer la fuente utilizada en el objeto WordArt como negrita.

•**FontItalic**:

True para establecer la fuente utilizada en el objeto WordArt como cursiva.

•**Left, Top**:

La posición, en puntos, de la esquina superior izquierda del cuadro de límite del objeto WordArt, relativa al punto de fijación.

•**Anchor**:

Objeto Range que representa el texto al que está unido el objeto WordArt. Si se especifica Anchor, el punto de fijación se coloca al principio del primer párrafo del intervalo de fijación. Si no se especifica este argumento, el intervalo de fijación se selecciona automáticamente y el objeto WordArt se sitúa en relación con los bordes superior e izquierdo de la página.

Finalmente, en la cuarta sección prepararemos esta parte de la página para escribir el texto en cuatro columnas con la línea de separación:

```
'4ª Sección
 HojaWord.Selection.MoveDown unit:=wdLine, Count:=5
 HojaWord.Selection.InsertBreak Type:=wdSectionBreakContinuous
 With HojaWord.Selection.PageSetup.TextColumns
    .SetCount NumColumns:=4
    .LineBetween = True
    .EvenlySpaced = True
 End With

End Function
```

Llegado a este punto, el lector ya puede ejecutar la aplicación y comprobar que realmente la página se subdivide en distintas secciones de formato distinto. A partir de aquí, se pueden realizar todas las modificaciones oportunas que al programador le apetezcan, con el fin de conseguir la presentación deseada.

En especial, la propiedad **FlowDirection** del objeto de conjunto TextColumns, indica la dirección en que ha de moverse el texto de una columna a otra, pudiendo ser de derecha a izquierda (**wdFlowRtl**) o de izquierda a derecha (**wdFlowLtr**).

HojaWord.Documents(1).PageSetup.TextColumns.FlowDirection=wdFlowRtl

Al igual que habíamos visto con anterioridad para las tablas de una hoja de *Word*, podemos aplicar la propiedad **PreferredWith** (anchura preferida) y **PreferredWithType** (tipo de anchura preferida) para el objeto columna (Column). Recordar los dos tipos posibles: En puntos (wdPreferredWithPoints) o en porcentaje de ventana activa (wdPreferredWithPercent).

Finalmente, una nueva propiedad que incorpora *Word 2000* es **NestingLevel**, que controla el nivel de anidamiento de las distintas columnas de una misma familia. Esto quiere decir que dentro de una columna podemos introducir otra que estará en un nivel inferior a la primera. Dentro de la segunda columna una tercera, y así sucesivamente, creando varios niveles de anidamiento.

CAPÍTULO 14

INSERTAR OBJETOS

La aplicación Microsoft Word, además de la multitud de utilidades propias que tiene para facilitarnos la confección de cualquier tipo de documento, nos permite insertar un conjunto (casi ilimitado) de propiedades que pertenecen a otras aplicaciones. En conjunto resulta un potente instrumento de tratamiento de textos.

Los nuevos objetos que insertemos en la aplicación pueden quedar vinculados con la aplicación origen, de manera que los cambios que hagamos en una queden reflejados en la otra. Por ejemplo, en mi documento Word inserto una imagen llamada *Dibujo* que he creado con la aplicación Corel Draw. En este caso tengo la opción de vincular la imagen con la aplicación Corel Draw. Si modifico la imagen *Dibujo* usando Corel Draw, al actualizar mi documento Word aparecerán los cambios.

En este capítulo aprenderemos a insertar las aplicaciones más importantes o usuales que hay en el mercado. De una manera rápida, podremos desde nuestra aplicación Visual Basic, insertar los objetos que deseemos donde queramos.

El objeto **Shape** (Forma) controla todos los objetos que se insertan en la aplicación Word. Representa un objeto de la capa de dibujo, como una Autoforma, una forma libre, un objeto OLE, un control ActiveX o una imagen.

INSERTAR OBJETO

Los objetos con vínculos (OLE, ActiveX) se insertan usando distintos métodos del objeto **Shape**. Se pueden añadir *controles* o *objetos* vinculados.

Insertar un objeto OLE

El método que gobierna los objetos insertados es **AddOLEObject**:

ActiveDocument.Shapes.**AddOLEObject** ClassType, FileName, LinkToFile, _
DisplayAsIcon, IconFileName, IconIndex, IconLabel, Left, _
Top, Width, Height, Anchor

• **ClassType:**

Nombre de la aplicación utilizada para activar el objeto OLE especificado.

Las más utilizadas son:

ClassType	Aplicación
MS_ClipArt_Gallery	WordArt
Paint.Picture	Corel Draw
CPaint5	Corel Photo-Paint 5.0
CorelEquation	Corel Equation
PDF.PdfCtrl.1	Acrobat Reader
Excel.Sheet.9	Microsoft Excel 2000

• **FileName:**

Archivo desde el que se creará el objeto. Si se omite este argumento, se utilizará la carpeta actual. Debe especificarse el argumento ClassType o el argumento FileName para el objeto, pero no ambos. Si damos un nombre de archivo, éste se insertará automáticamente en el documento sin activarse la aplicación que lo generó.

• **LinkToFile:**

Si es verdadero *True* vincula el objeto OLE al archivo desde el que se creó. *False* para que el objeto OLE sea una copia independiente del archivo. En caso de ser verdadero los cambios en el archivo se reflejan en el objeto OLE insertado en Word. Si se especificó un valor para ClassType, el argumento LinkToFile debe ser *False*. El valor predeterminado es *False*.

• **DisplayAsIcon:**

Muestra el objeto OLE como icono si es verdadero *True*. El valor predeterminado es *False*.

• **IconFileName:**

Archivo que contiene el icono que debe mostrarse.

• **IconIndex:**

Número de índice del icono en IconFileName. El primer icono del archivo tiene el número de índice 0 (cero). Si en IconFileName no existe ningún icono con el número de índice especificado, se utiliza el icono con el número de índice 1, segundo del archivo. El valor predeterminado es 0 (cero).

•IconLabel:

Título o rótulo que se mostrará debajo del icono.

•Left, Top:

Posición, en puntos, de la esquina superior izquierda del nuevo objeto con respecto al punto de fijación.

•Width, Height:

Anchura y altura del objeto OLE en puntos.

•Anchor:

Intervalo al que está asociado el objeto OLE. Si se especifica Anchor, el punto de fijación se coloca al principio del primer párrafo del intervalo de fijación. Si no se especifica, el punto de fijación se coloca de forma automática y el objeto OLE se sitúa en relación con los bordes superior e izquierdo de la página.

Un ejemplo en el cual insertamos una imagen creada con la aplicación Corel Draw :

```
ActiveDocument.Shapes.AddOLEObject Anchor:=Selection.Range, ClassType:= _
    "Paint.Picture", FileName:="C:\VB5\Graphics\Bitmaps\Assorted\Delete.bmp", _
    LinkToFile:=False, DisplayAsIcon:=False
```

Escribiendo esta línea de código en una aplicación creada por el lector, conseguirá insertar la imagen deseada en un documento Word a través de Visual Basic. En el ejemplo anterior hemos elegido una imagen de la aplicación Visual Basic 5.0.

Insertar un control OLE

El método que gobierna los controles insertados es **AddOLEControl**. Estos controles ActiveX se configuran:

```
ActiveDocument.Shapes.AddOLEControl ClassType, Left, Top, Width, _
                                    Height, Anchor
```

La definición de cada argumento es equivalente a la del objeto OLE. Pero ahora en el lugar del objeto colocaremos el control ActiveX .

Los controles Activex son aquellos que se exponen a otras aplicaciones mediante interfaces de automatización como OLE. Estos controles son los conocidos *CommandButton* (botón), *ListBox* (lista desplegable), etc. La nueva propiedad ActiveX permite programar controles de otras aplicaciones, así desde Visual Basic programaremos controles de Microsoft Word mediante automatización OLE. También se podrían controlar a traves de Internet, estableciendo comunicación entre dos aplicaciones. Trataremos este tema en el capítulo siguiente.

Por ejemplo, al insertar un control CommandButton escribiremos:

Selection.HeaderFooter.Shapes.**AddOLEControl ClassType** _
:="Forms.CommandButton.1"

A continuación presentaremos dos casos particulares de controles ActiveX, como son la Caja de texto y la Etiqueta, que tienen su propio método de inserción.

Insertar Caja de Texto (TextBox)

El procedimiento para insertar un control ActiveX en general está descrito en el apartado anterior, pero hay un control particular (Caja de texto) que responde a su método particular **AddTextbox**. Para añadir este control escriba:

ActiveDocument.Shapes.**AddTextbox** Orientation, Left, Top, Width,_
Height, Anchor

•Orientation:

Orientación del texto. Puede ser una de las siguientes constantes: **MsoTextOrientation**: msoTextOrientationDownward, msoTextOrientationHorizontal, msoTextOrientationMixed o msoTextOrientationUpward. No utilice constantes MsoTextOrientation distintas a éstas en las versiones de inglés americano de Word.

•Anchor:

Objeto Range que representa el texto al que está unida la caja de texto. Si se especifica Anchor, el punto de fijación se coloca al principio del primer párrafo del intervalo de fijación. Si no se especifica este argumento, el intervalo de fijación se selecciona automáticamente y el caja de texto se situa en relación con los bordes superior e izquierdo de la página.

Insertar Etiqueta (Label)

Igual que en el caso anterior, salvo en que aquí el método se llama **AddLabel**:

ActiveDocument.Shapes.**AddLabel**.Orientation, Left, Top, Width, _
Height, Anchor

Los demás argumentos ya se han definido anteriormente.

INSERTAR FORMA

Con *Microsoft Word* se pueden crear desde documentos jurídicos formales hasta borradores informales con todo tipo de dibujos. Debido a ello, Word nos ha de ofrecer una amplia gama de herramientas con las cuales poder insertar los más variados dibujos propios o que formen parte de un catálogo. En este apartado trataremos la inserción de distintas figuras que posee *Microsoft Word* a través de *Visual Basic*.

Insertar Línea

Para insertar una línea en nuestro documento, procederemos con el método **AddLine**:

ActiveDocument.Shapes.**AddLine** BeginX, BeginY, EndX, EndY, Anchor

- **BeginX, BeginY:**

La posición, en puntos, del punto inicial de la línea, relativa al punto de fijación.

- **EndX, EndY:**

La posición, en puntos, del punto final de la línea, relativa al punto de fijación.

Si queremos modificar el formato de la línea para crear algún tipo de flecha utilizaremos la propiedad **Line** del objeto **LineFormat**. Este objeto acepta las propiedades: **DashStyl** (tipo de línea), **ForeColor** (color de línea), **BeginArrowheadLength** (longitud del comienzo de la flecha), **BeginArrowheadStyle** (estilo de flecha), **BeginArrow-headWidth** (anchura de flecha), **EndArrowheadLength** (longitud del final de la flecha), **EndArrowheadStyle** (estilo del final de flecha), **EndArrowheadWidth** (anchura final). Las constantes para este tipo de propiedades son del tipo **msoArrowhead**.

Por ejemplo, el código que acompaña la definición de una flecha negra con una elipse en la base y un triangulo en el extremo puede ser:

```
With ActiveDocument.Shapes.AddLine(123, 123, 213, 321).Line
    .DashStyle = msoLineDashDotDot
    .ForeColor.RGB = RGB(0,0 ,0)
    .BeginArrowheadLength = msoArrowheadShort
    .BeginArrowheadStyle = msoArrowheadOval
    .BeginArrowheadWidth = msoArrowheadNarrow
    .EndArrowheadLength = msoArrowheadLong
    .EndArrowheadStyle = msoArrowheadTriangle
    .EndArrowheadWidth = msoArrowheadWide
End With
```

Insertar Curva

Utilizar el método **AddCurve**:

ActiveDocument.Shapes.**AddCurve** SafeArrayOfPoints, Anchor

•SafeArrayOfPoints:

Matriz de coordenadas que especifica los vértices y los puntos de control de la curva. El primer punto especificado es el vértice inicial y los dos puntos siguientes son puntos de control para el primer segmento de Bézier. A continuación, para cada segmento adicional de la curva, especifique un vértice y dos puntos de control. El último punto especificado es el vértice final de la curva. Observe que debe especificar siempre $3n + 1$ puntos, donde n es el número de segmentos de la curva.

Una manera de establecer las coordenadas de todos los puntos es mediante una matriz:

```
Dim Aux(2,1)
Aux(0,0)=2 : Aux(0,1)=12: Aux(1,0)= 21: Aux(1,1)= 13: Aux(2,0)= 43: Aux(2,1)= 23
```

Definiremos el parámetro SafeArrayOfPoints:=Aux.

Insertar Polígono

Para crear una polilínea abierta o un dibujo poligonal cerrado.

ActiveDocument.Shapes.**AddPolyline**(SafeArrayOfPoints)

•SafeArrayOfPoints :

Matriz de coordenadas que especifica los vértices del dibujo de la polilínea. Igual que en el caso anterior.

Para formar un polígono cerrado, asigne las mismas coordenadas a los vértices primero y último del dibujo de la polilínea.

Insertar Imagen

Insertamos una imagen en el documento, vinculada o no con la fuente (archivo existente) con el método **AddPicture**:

ActiveDocument.Shapes.**AddPicture** FileName, LinkToFile, SaveWithDocument, _
Left, Top, Width, Height, Anchor

- **FileName:**

Archivo desde el que se creará el objeto. Si se omite este argumento, se utilizará la carpeta actual.

- **LinkToFile:**

Si es verdadero *True* vincula la imagen al archivo desde el que fue creada. *False* para que la imagen sea una copia independiente del archivo. El valor predeterminado es *False*.

- **SaveWithDocument:**

True para guardar la imagen vinculada con el documento. El valor predeterminado es *False*.

Por ejemplo:

```
ActiveDocument.Shapes.AddPicture FileName:="C:\Bellnew.bmp", LinkToFile:=False, _
    SaveWithDocument:=False
```

Insertar Figura

Crea una figura preestablecida (Autoforma) en el banco de datos de *Microsoft Word*. Por ejemplo: un cuadrado, una estrella, un cilindro, una flecha, etc. Usamos el método **AddShape**:

```
ActiveDocument.Shapes.AddShape Type, Left, Top, Width, Height, Anchor
```

- **Type:**

Tipo de Autoforma que va a crearse. Puede ser una de las constantes **MsoAutoShapeType**. Algunas de ellas las listamos a continuación: msoShape16pointStar, msoShape24pointStar, msoShape32pointStar, msoShape4pointStar, msoShape5pointStar, msoShape8pointStar, msoShapeActionButtonBackorPrevious...

El lector podrá visualizar todas estas constantes gracias al *Examinador de Objetos* de la aplicación *Visual Basic*, buscando examinar la propiedad AutoShapeType.

Los otros argumentos sitúan la esquina superior izquierda dentro del documento, así como la anchura y longitud de la Autoforma.

Un ejemplo muy simple para practicar la inserción de Autoformas en un documento Word es copiar las líneas siguientes en un nuevo proyecto, creando como sabe el lector un objeto Word (HojaWord), visualizándolo y añadiendo el código con el fin de ver un cuadrado, cilindro, llamada de nube, etc.

' Rectángulo
HojaWord.ActiveDocument.Shapes.AddShape(**msoShapeRectangle**, 93.6, 28.8, 43.2, _
              36#).Select
' Cilindro
HojaWord.ActiveDocument.Shapes.AddShape(**msoShapeCan**, 151.2, 28.8, 21.6, _
              36#).Select
' Flecha
HojaWord.ActiveDocument.Shapes.AddShape(**msoShapeNotchedRightArrow**, 187.2, _
              36#, 21.6, 14.4).Select
' Explosión
HojaWord.ActiveDocument.Shapes.AddShape(**msoShapeExplosion1**, 223.2, 43.2, _
              28.8, 21.6).Select
' llamada de nube
HojaWord.ActiveDocument.Shapes.AddShape(**msoShapeCloudCallout**, 93.6, 79.2, _
              28.8, 21.6).Select
HojaWord.ActiveDocument.Shapes.AddShape(**msoShapeRectangle**, 129.6, 79.2, _
              28.8, 14.4).Select
' Formato en 3D
HojaWord. Selection.ShapeRange.**ThreeD.SetThreeDFormat** msoThreeD13
' Cilindro 3D
HojaWord.ActiveDocument.Shapes.AddShape(**msoShapeOval**, 194.4, 79.2, 28.8, _
              21.6). Select
HojaWord.Selection.ShapeRange.**ThreeD**.SetThreeDFormat **msoThreeD5**

Además de las figuras en dos dimensiones, tenemos la oportunidad de usar la propiedad **SetThreeDFormat** del objeto **ThreeD** (efecto 3D) que las convierte en 3D. Las constantes para esta propiedad son del tipo **msoThreeD**.

El resultado final de ejecutar el código son unas Autoformas como éstas:

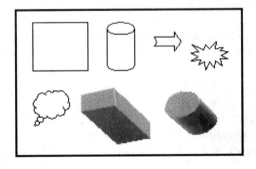

Insertar Forma Libre

Inserta un objeto de forma libre, no preestablecida, que el programador puede generar a su libre albedrío. Devuelve un objeto **FreeformBuilder** que representa la forma libre según se genera. Utilice el método **AddNodes** para agregarle segmentos. Después de agregar al menos un segmento a la forma libre, puede utilizar el método **ConvertToShape** para convertir el objeto FreeformBuilder en un objeto Shape que tenga la descripción geométrica definida en el objeto FreeformBuilder.

HojaWord.ActiveDocument.Shapes.**BuildFreeform** EditingType, X1, Y1

- **EditingType:**

Propiedad de modificación del primer nodo (o punto). Puede ser una de las siguientes constantes **MsoEditingType**: msoEditingAuto (curvas) o msoEditingCorner (libre) no puede ser msoEditingSmooth ni msoEditingSymmetric.

Si seleccionamos msoEditingAuto el computador creará la curva automática entre dos nodos (puntos) siguiendo el modelo matemático de Bézier. Con el tipo msoEditing-Corner el computador aproximará linealmente los dos nodos.

- **X1, Y1:**

Posición (en puntos) del primer nodo del dibujo de forma libre respecto a la esquina superior izquierda del documento.

El método **BuildFreeform** nunca se utiliza solo porque generalmente el dibujo que queramos construir no será de un solo punto. Al contrario, consistirá en una colección de parejas de puntos que definirán segmentos unidos entre sí mediante curvas (msoEditingAuto) o rectas (msoEditingCorner). Conseguimos trabajar con segmentos aplicando el método **AddNodes**, el cual añade puntos (nodos) a mi dibujo. El método AddNodes pertenece al método BuildFreeform y se configura con los siguientes parámetros:

HojaWord.ActiveDocument.Shapes.BuildFreeform(EditingType, X1, Y1).**AddNodes** _
    SegmentType, EditingType, X1, Y1, X2, Y2, X3, Y3

- **SegmentType:**

Tipo de segmento que se va a agregar. Puede ser una de las siguientes constantes **MsoSegmentType**: msoSegmentCurve (segmento curbo) o msoSegmentLine (segmento recto).

•EditingType:

Propiedad de modificación del vértice del segmento. Puede ser una de las siguientes constantes MsoEditingType: msoEditingAuto o msoEditingCorner (no puede ser msoEditingSmooth ni msoEditingSymmetric). Si SegmentType es msoSegmentLine, EditingType debe ser msoEditingAuto.

•X1, X2, X3:

Si el EditingType del nuevo segmento es msoEditingAuto, este argumento especifica la distancia horizontal (en puntos) desde la esquina superior izquierda del documento hasta el primer, segundo y tercer punto de control del nuevo segmento. Si el EditingType del nuevo nodo es msoEditingCorner, este argumento especifica la distancia horizontal (en puntos) desde la esquina superior izquierda del documento hasta el primer, segundo y tercer punto de control del nuevo segmento. Si el EditingType del nuevo segmento es msoEditingAuto, no especifique valor para X2 ni X3.

•Y1, Y2, Y3:

Si el EditingType del nuevo segmento es msoEditingAuto, este argumento especifica la distancia vertical (en puntos) desde la esquina superior izquierda del documento hasta el primer, segundo y tercer punto de control del nuevo segmento. Si el EditingType del nuevo nodo es msoEditingCorner, este argumento especifica la distancia vertical (en puntos) desde la esquina superior izquierda del documento hasta el primer, segundo y tercer punto de control del nuevo segmento. Si el EditingType del nuevo segmento es msoEditingAuto, no especifique valor para Y2 ni Y3.

Un ejemplo de lo que acabamos de exponer consiste en dibujar desde Visual Basic dos figuras distintas, una utilizando curvas y la otra a mano alzada sobre un documento Word.

Definiendo el objeto ActiveX HojaWord en un nuevo formulario con un botón, como ya viene siendo habitual, escribiremos debajo del suceso Command1_Click() el siguiente código:

```
' Curva
With HojaWord.ActiveDocument.Shapes.BuildFreeform(msoEditingAuto, 93.6, 36#)
    .AddNodes msoSegmentCurve, msoEditingAuto, 122.4, 21.6
    .AddNodes msoSegmentCurve, msoEditingAuto, 129.6, 36#
    .AddNodes msoSegmentCurve, msoEditingAuto, 86.4, 50.4
    .AddNodes msoSegmentCurve, msoEditingAuto, 100.8, 64.8
    .AddNodes msoSegmentCurve, msoEditingAuto, 136.8, 50.4
    .AddNodes msoSegmentCurve, msoEditingAuto, 136.8, 14.4
    .AddNodes msoSegmentCurve, msoEditingAuto, 158.4, 21.6
    .AddNodes msoSegmentCurve, msoEditingAuto, 144#, 50.4
    .ConvertToShape.Select
End With
```

```
' Dibujo a mano alzada
With HojaWord.ActiveDocument.Shapes.BuildFreeform(msoEditingCorner, 174#, 18#)
    .AddNodes msoSegmentCurve, msoEditingCorner, 179.8, 17.35, 184.85, _
        16.85, 190.5, 18.75
    .AddNodes msoSegmentCurve, msoEditingCorner, 192.85, 22.3, 194.1, _
        23.15, 191.25, 29.25
    .AddNodes msoSegmentCurve, msoEditingCorner, 190.05, 31.8, 183.8, _
        33.35, 181.5, 34.5
    .AddNodes msoSegmentCurve, msoEditingCorner, 180.7, 34.9, 180.05, _
        35.65, 179.25, 36#
    .AddNodes msoSegmentCurve, msoEditingCorner, 177.8, 36.65, 174.75, _
        37.5, 174.75, 37.5
    .AddNodes msoSegmentCurve, msoEditingCorner, 170#, 42.25, 171.55, _
        44.45, 172.5, 52.5
    .AddNodes msoSegmentCurve, msoEditingCorner, 172.6, 53.3, 172.75, _
        54.15, 173.25, 54.75
    .AddNodes msoSegmentCurve, msoEditingCorner, 174.8, 56.65, 180#, _
        57.75, 180#, 57.75
    .AddNodes msoSegmentCurve, msoEditingCorner, 181.5, 57.5, 183.2, _
        57.75, 184.5, 57#
    .AddNodes msoSegmentCurve, msoEditingCorner, 185.2, 56.6, 184.9, _
        55.45, 185.25, 54.75
    .AddNodes msoSegmentCurve, msoEditingCorner, 185.65, 53.95, 186.15, _
        53.15, 186.75, 52.5
    .AddNodes msoSegmentCurve, msoEditingCorner, 188.15, 50.9, 191.25, _
        48#, 191.25, 48#
    .AddNodes msoSegmentCurve, msoEditingCorner, 191.75, 46.5, 191.85, _
        44.8, 192.75, 43.5
    .AddNodes msoSegmentCurve, msoEditingCorner, 193.25, 42.75, 193.9, _
        42.05, 194.25, 41.25
    .AddNodes msoSegmentCurve, msoEditingCorner, 196.05, 37.2, 197#, _
        33.75, 199.5, 30#
    .AddNodes msoSegmentCurve, msoEditingCorner, 200.3, 26.75, 201.05, _
        23.5, 201.75, 20.25
    .AddNodes msoSegmentCurve, msoEditingCorner, 201.8, 20.05, 202.65, _
        15#, 203.25, 14.25
    .AddNodes msoSegmentCurve, msoEditingCorner, 204.3, 12.95, 206.25, _
        12.5, 207.75, 12#
    .AddNodes msoSegmentCurve, msoEditingCorner, 209.5, 12.25, 211.4, _
        12.05, 213#, 12.75
    .AddNodes msoSegmentCurve, msoEditingCorner, 215.25, 13.75, 216#, _
        19.5, 216#, 19.5
    .AddNodes msoSegmentCurve, msoEditingCorner, 215.75, 21.75, 215.8, _
        24.05, 215.25, 26.25
    .AddNodes msoSegmentCurve, msoEditingCorner, 215.05, 27.1, 214.15, _
        27.7, 213.75, 28.5
    .AddNodes msoSegmentCurve, msoEditingCorner, 213.4, 29.2, 213.4, _
        30.05, 213#, 30.75
```

```
        .AddNodes msoSegmentCurve, msoEditingCorner, 212.1, 32.35, 211#, _
            33.75, 210#, 35.25
        .AddNodes msoSegmentCurve, msoEditingCorner, 208.05, 38.2, 209.7, _
            39.1, 205.5, 40.5
        .AddNodes msoSegmentCurve, msoEditingCorner, 205#, 41.25, 204.7, _
            42.2, 204#, 42.75
        .AddNodes msoSegmentCurve, msoEditingCorner, 203.4, 43.25, 202.3, _
            42.95, 201.75, 43.5
    .ConvertToShape.Select
    End With
End Sub
```

El resultado de ejecutar el código nos da a la izquierda de la imagen una figura que se ha dibujado a partir de la unión de un conjunto de nodos mediante curvas de Bézier. A la derecha de la imagen, vemos el dibujo de otra figura realizada a mano alzada uniendo directamente los nodos linealmente. Se deduce rápidamente que el grado de perfección es mayor usando la aproximación de Bézier que el propio pulso en los dibujos de curvas.

Al acabar de introducir los nodos en cada tipo de dibujo utilizamos una instrucción **ConvertToShape**, perteneciente al método **BuildFreeform** que provoca que aparezca la figura en el documento. El lector puede intentar ejecutar el código anterior sin esta instrucción y observará que nada aparece en el documento activo.

Insertar Fecha, Hora, Página

Podemos insertar la fecha y hora actuales en un documento, como si fuera un campo, y conseguiremos que siempre que abramos el documento nos muestre la fecha y hora actuales aunque hayan pasado varios días, o como una sentencia independiente que quedará fija en el documento.

El método para insertar la fecha y hora es **InsertDateTime**.

HojaWord.Selection.**InsertDateTime** DateTimeFormat, InsertAsField

- **DateTimeFormat:**

    Formato en que se presenta la fecha y hora. Por ejemplo puede ser:

DateTimeFormat:= "d' de 'mmm' de' aaaa H:mmm"
Resultado : 9 de marzo de 2000 3:23

DateTimeFormat:= " aaaa-MM-dd H:mmm:ss"
Resultado : 2000-03-09 3:23:23

- **InsertAsField:**

True para insertar la fecha y hora como un campo. *False* en caso contrario. Por defecto tiene un valor de True.

El número de página **PageNumbers** es un objeto del objeto **Header** que a su vez es objeto del conjunto **Sections**. Podemos establecer también si queremos las páginas en números romanos o arábigos (convencionales) a través de la propiedad **NumberStyle** del objeto **PageNumbers**.

La propiedad **NumberStyle** puede ser una de las constantes **wdPageNumberStyle**:

wdPageNumberStyleArabic, wdPageNumberStyleLowerCaseLetter, wdPageNumberStyleLowerCaseRoman, wdPageNumberStyleUpperCaseLetter, wdPageNumberStyleUpperCaseRoman

Un ejemplo, para un número de página romano escrito en mayúsculas:

HojaWord.Selection.Sections(1).Headers(1).**PageNumbers**.NumberStyle= _
    wdPageNumberStyleUpperCaseRoman

Insertar Hipervínculo

Cuando preparamos un documento Word desde Visual Basic vinculamos estas dos aplicaciones desde un mismo terminal de computador. Si la relación se estableciese a través de Internet este vínculo lo llamaríamos Hipervínculo. De la misma manera, al diseñar una aplicación Word, fácilmente le podemos introducir hipervínculos que permitan al usuario comunicarse con el exterior.

La propiedad **HyperLinks** del objeto **Document** controla todos los métodos relacionados con las comunicaciones a través de Internet. Del conjunto de métodos, el que permite añadir una dirección de Internet sobre el documento (en un color azul) es el método **Add**:

HojaWord.ActiveDocument.Hyperlinks.**Add** Address

- **Address:**

Aquí escribimos la dirección de Internet. Por ejemplo:

Address :=http://home.microsoft.com/

Una vez creada la dirección, si el usuario pulsa encima de ella se conectará automáticamente.

También es posible vincular una dirección de Internet a una figura (Shape) del documento activo gracias al método **Follow** del objeto Hyperlink.

En el siguiente ejemplo relacionamos la primera figura del documento con un hypervínculo:

HojaWord.Documents(1).Shapes(1).Hyperlink.Follow

Si utilizamos la página de Word para trabajar con correo electrónico, necesitaremos usar la propiedad **EmailSubject** donde escribiremos la cadena de texto para la línea de asunto o mensaje del Hipervínculo. Esta línea se agrega a la dirección de Internet o URL.

Por ejemplo, podemos añadir el asunto *Temas pendientes* al Hipervínculo con dirección microsoft:

```
With HojaWord.ActiveDocument.Hyperlinks
    If .Address Like "http://home.microsoft.com/" Then
        .EmailSubject="Temas pendientes"
    End If
End With
```

Para ayudar al usuario de la aplicación que estemos creando, es conveniente añadir textos de sugerencia cuando señale con el ratón una dirección de Internet. La propiedad **ScreenTip** es la encargada de mostrar estas sugerencias. Por ejemplo, provocaremos que aparezca el comentario *Dirección Inicial* al situar el puntero del ratón encima del segundo Hipervínculo:

HojaWord.Documents(1).Hyperlinks(2).ScreenTip="Dirección Inicial"

Además también es posible con *Word 2000* añadir un texto de presentación usando la propiedad **TextToDisplay**:

HojaWord.Documents(1).Hyperlinks(2).TextToDisplay="Conéctese para volver"

OPCIONES DE INTERNET

El objeto **Email** representa un mensaje de correo electrónico único. Sólo puede existir un mensaje de correo electrónico por documento activo, ya sea para responder, reenviar o crear un nuevo mensaje.

El autor del mensaje electrónico lo conocemos gracias a la propiedad **CurrentEmailAuthor** del objeto Email. Por ejemplo, guardaremos en la variable de cadena Autor el nombre del autor del mensaje:

Dim Autor As String
Autor = HojaWord.ActiveDocument.Email.**CurrentEmailAuthor**

Opciones de correo electrónico

Los detalles o atributos de mensajería con correo electrónico están contenidos en el objeto **EmailOptions**. Así el estilo para redactar los mensajes lo controla la propiedad **ComposeStyle** que a su vez devuelve un objeto **Style** con todas sus propiedades (tipo de fuente, sombreado, bordes...). Si queremos, por ejemplo, que el texto de los mensajes aparezca de color rojo:

HojaWord.Application.EmailOption.**ComposeStyle**.Font.Color=RGB(255,0,0)

Los comentarios en los mensajes de correo electrónico, los marcamos con la propiedad **MarkCommentsWith**, y elegimos o no hacerlo con la propiedad boleana **MarkComments**. Si los marcamos con las siglas *ComElectr* escribiremos:

HojaWord.Application.EmailOption.MarkCommentsWith="ComElectr"
HojaWord.Application.EmailOption.MarkComments=True

Además del estilo también podemos cambiar el formato (tema) del mensaje electrónico, con la propiedad **ThemeName**. Los temas preestablecidos por *Microsoft* los puede consultar en la dirección de la carpeta de datos *c:\Archivos de Programa\Archivos Comunes\Microsoft Shared\Themes*.

Junto con el nombre del tema debemos escribir tres dígitos (1 para activar, o desactivar) que corresponden a las opciones de formato: *Colores intensos*, *Gráficos activos* e *Imagen de fondo*. Por ejemplo, un mensaje con el tema Artsy y sólo colores intensos:

HojaWord.Application.EmailOption.**ThemeName**="artsy 100"

Nos aseguraremos de aplicar o no el tema en el mensaje electrónico validando esta opción con la propiedad **UseThemeStyle**. Si le asignamos el valor falso (False) la propiedad ThemeName quedará invalidada:

HojaWord.Application.EmailOption.**UseThemeStyle**=False

Las firmas utilizadas por *Microsoft Word* al recibir y enviar mensajes las podemos modificar con las propiedades del objeto **EmailSignature**. Las firmas de los mensajes nuevos salientes las asignamos con la propiedad **NewMessageSignature**, y la de las respuestas con **ReplyMessageSignature**. Por ejemplo, podemos escribir las siguientes firmas:

```
With HojaWord.Application.EmailSignature
    .NewMessageSignature="Firma Nueva"
    .ReplyMessageSignature="Firma de respuesta"
End With
```

CAPÍTULO 15

TRABAJAR CON CONTROLES

En el capítulo anterior hemos aprendido la manera de introducir diferentes objetos en una aplicación Word, entre ellos los controles ActiveX. Estos controles permiten crear dentro de Word un subprograma que gestione distintos eventos, así como dibujar sobre el documento Word, diferentes controles como pueden ser: *botones, listas desplegables, cajas de texto, etc.*

En este capítulo aprenderemos a programar Word desde Word, y no como veníamos haciendo hasta ahora, manipulando Word a distancia desde Visual Basic. Este método de programación aumenta notablemente el tiempo de espera y la ejecución de las instrucciones es mucho más lento. Conviene conocerlo, aunque no es aconsejable usarlo para proyectos mínimamente largos.

EJEMPLO

Programaremos Microsoft Word con el fin de presentar en pantalla dos botones, uno para añadir elementos (una selección) y el otro para eliminarlos. Cada elemento (selección) que añadamos se incorporará al final de una lista, y cada elemento que eliminemos aparecerá en una caja de texto. En este caso no nos preocupa la utilidad de una aplicación de este estilo, sino el procedimiento de programación.

El primer paso a seguir es introducir los controles ActiveX necesarios para crear la interfaz de comunicación entre usuario y programa. La lista de controles generales (intrínsecos) que posee Microsoft Word se encuentra en la barra de herramientas ***Cuadro de controles*** del menú ***Ver***. En el *cuadro de controles* además de los controles básicos, contiene una opción   que permite añadir nuevos controles ActiveX de otras aplicaciones.

El cuadro de controles que aparece es:

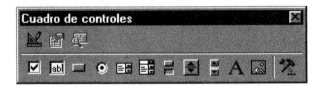

Ahora sólo tenemos que ir seleccionando: el primer botón de comando, el segundo botón, la caja de texto y la lista. Los dibujamos en el documento activo de una forma parecida a:

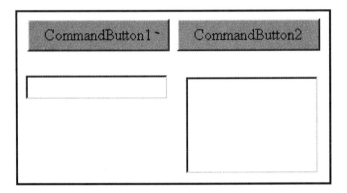

Haciendo doble Click con el botón izquierdo del ratón encima de cualquier control del documento, se abre la ventana de código, en la que programaremos cada evento:

Public Contador As Single
Private Sub **CommandButton1_Click()**
  Contador = Contador + 1
  ListBox1.**AddItem** (Contador & " - Selección")
End Sub

En estas primeras líneas de código imponemos que cada vez que el usuario pulse el botón *Command1* se añada un valor al contador y aparezca escrito en la lista.

Private Sub **CommandButton2_Click()**
  'Si el control ListBox no esta vacío
  If ListBox1.ListCount >= 1 Then
    'Si no hay nada seleccionado elegimos el último
    If ListBox1.ListIndex = -1 Then
      ListBox1.ListIndex = ListBox1.ListCount - 1
    End If
    ListBox1.**RemoveItem** (ListBox1.ListIndex)
  End If
End Sub

El botón *Command2* sirve para eliminar selecciones de la lista. Primero comprueba que la lista no esté vacía y que no haya nada seleccionado.

```
Private Sub Document_New()
 Contador = 0
 CommandButton1.Caption = "Añadir"
 CommandButton2.Caption = "Eliminar"
End Sub
```

Al abrir el nuevo documento, cambiamos los títulos de los dos botones. Al primer botón *Command1* lo llamamos "*Añadir*" y al botón *Command2* "*Eliminar*". El contador empieza con el valor 0.

```
Private Sub ListBox1_Click()
 TextBox1.Text = ListBox1.List(ListBox1.ListIndex)
End Sub
```

Cuando el usuario elija una selección de la lista pulsando el botón izquierdo del ratón, ésta aparecerá en la caja de texto.

Podemos ejecutar la aplicación añadiendo y eliminando selecciones, obteniendo como resultado final una pantalla similar a:

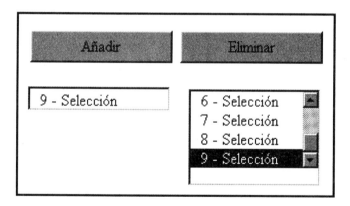

APLICACIÓN

En este apartado crearemos una aplicación llamada *Agenda*, en la que usaremos conjuntamente las dos aplicaciones de Microsoft: Excel y Word. A partir de unas funciones primarias, como son crear automáticamente una hoja de cálculo Excel para controlar la contabilidad de los gastos domésticos, o una carta modelo automática para empezar a escribir a un amigo de nuestra base de datos particular, el lector, con los conocimientos que posee una vez leído el libro, será capaz de ampliar a su gusto esta aplicación base, mejorándola con las funciones concretas que quiera añadirle a Excel o Word desde Visual Basic.

La aplicación empieza con un formulario de presentación llamado *Agenda*, a continuación aparece un formulario principal que contiene el menú de opciones disponibles. Cada opción da lugar a un formulario hijo que se dibuja siempre dentro del formulario padre, sea cual sea el estado de presentación de la ventana (minimizada, restaurada o maximizada).

Con la aplicación *Agenda* podremos gestionar una base de datos de amigos, los gastos domésticos (activos y pasivos) y generar cartas automáticas.

Previamente, crearemos una base de datos *Agenda.mdb* con las tablas y campos especificados a continuación:

BASE DE DATOS:	*Agenda.mdb*	
TABLA	*CAMPO*	*TIPO DE CAMPO*
Activo	ID	Autonumérico
	Fecha	Fecha/hora
	Concepto	Texto
	Importe	Numérico
Pasivo	ID	Autonumérico
	Fecha	Fecha/hora
	Concepto	Texto
	Importe	Numérico
Amigos	IDDeCliente	Autonumérico
	Nombre	Texto
	Apellidos	Texto
	Dirección	Texto
	Ciudad	Texto
	Provincia	Texto
	CódigoPostal	Texto
	NúmDeTeléf	Texto
	Nota	Memo

Si se tiene alguna duda a la hora de configurar la base de datos, es aconsejable consultar el capítulo 12. Hay que recordar siempre el lugar del directorio donde hemos guardado la base *Agenda.mdb,* ya que más adelante necesitaremos conocer la dirección.

Empecemos el programa referenciando en nuestro proyecto las bibliotecas de Microsoft Excel y Word. A continuación dibujamos encima de nuestro formulario Form1, gracias a la aplicación WordArt, el nombre *Agenda* en posición casi circular de color azul y sombreada gris. Junto a ella, insertamos una caja de dibujo con la imagen de información. Ésta la hallamos con la propiedad **Picture** de nuestro objeto **Picture1**. Dentro de una aplicación Visual Basic siempre existe un directorio llamado

Graphics en el que podemos encontrar multitud de imagenes en formato *Bitmap*, *Icono* o *Metafile*. Si el lector lo prefiere, puede seleccionar otras imágenes.

El formulario de presentación será parecido a:

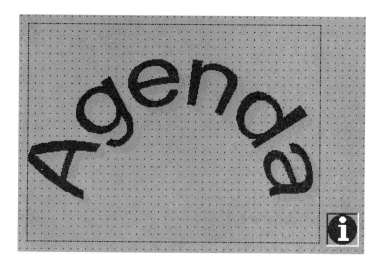

Añadiremos a la aplicación un nuevo formulario padre del tipo MDI, capaz de contener otros formularios hijo llamado MDIForm1.

Queremos que cuando el usuario de la aplicación pulse el botón de información (**Picture1**) aparezca el formulario padre MDIForm1.

```
Private Sub Picture1_Click()
    Form1.Hide
    MDIForm1.Show
End Sub
```

La propiedad **Hide** esconde el formulario de presentación, y con la propiedad **Show** aparece el nuevo formulario MDI.

En el formulario MDI editamos el menú añadiendo las opciones:

Caption	Name
Archivo	Archivo
Salir	Salir
Cuentas	Cuentas
Listado de Datos	Listado
-	x
Introducir	Intro
Pasivo	IntroPasivo
-	xx
Activo	IntroActivo
-	xxx

Caption	Name
Listado de Datos en Excel	Excel
Pasivo	ExcelPasivo
-	xxxx
Activo	ExcelActivo
-	xxxxx
Total	ExcelTotal
Agenda	Agenda
Listado	AgendaListado
Listado por nombres	ListadoNombres
-	z
Ordenar los datos	ListadoOrdenar
-	zz
Buscar por nombre	AgendaBuscar
-	zzz
Introducir datos	AgendaIntro
Borrar datos	AgendaBorrar
Correspondencia	Correspondencia
Escribir a:	zzzz
-	zzzzz
""	Nom

El resultado del menú desplegable ha de parecerse a:

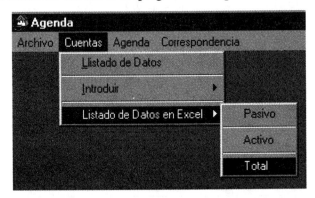

En la parte inferior del formulario dibujaremos en cada extremo una etiqueta.

La primera servirá para indicar la hora (**Label1**) y la segunda la fecha actual (**Label2**).

Podemos actualizar la hora con el control temporal **Timer1**:

```
Private Sub Timer1_Timer()
  Label1.Caption = Format(Now, "hh:mm")
End Sub
```

Al cargar el formulario principal, abriremos la base de datos *Agenda.mdb* e introduciremos los nombres de los amigos en el menú Correspondencia, para que queden en disposición de escritura.

```
Private Sub MDIForm_Load()
Dim aux As String * 10, i As Integer
Dim criterio As String, criterio2 As String
criterio = "select * from pasivo order by pasivo.Fecha" ' ordenado por fechas
criterio2 = "select * from Activo order by Activo.Fecha"

'Abrimos la base de datos "Agenda"
  Set dbs = OpenDatabase("c:\ agenda.mdb")
  Set rst = dbs.OpenRecordset("amigos", dbOpenDynaset)
  Set rsp = dbs.OpenRecordset(criterio)
  Set rsa = dbs.OpenRecordset(criterio2)

  'Añadimos nombres al menú correspondencia
  i = 1
  Do While Not rst.EOF
    If Not IsNull(rst!Nombre) Or Not IsNull(rst!Apellidos) Then
       aux = rst!Nombre
       Load Nom(i)
       Nom(i).Caption = aux & rst!Apellidos
       Nom(i).Visible = True
    End If
    rst.MoveNext ' siguiente registro
    i = i + 1
  Loop

  Label2.Caption = Format(Now, "dddd, dd mmmm yy")
End Sub
```

Al abrir el *Recordset* de datos utilizamos el criterio de ordenarlos por fechas. Tanto el pasivo como el activo. Los nombres de los amigos de la base de datos se añaden en el menú utilizando la función **Load**.

Cada vez que utilizamos un registro de la base de datos hay que movernos al siguiente con la instrucción **MoveNext**, y así sucesivamente hasta el final de la base.

Las variables públicas **dbs, rst, rsp, rsa, flag** las definimos en un módulo aparte:

```
Option Explicit
Public dbs As Database
Public rst As Recordset
Public rsp As Recordset
Public rsa As Recordset
'indicador pera introducir datos Pasivo-Activo
Public flag As String
```

Una utilidad práctica que podemos usar con el fin de llegar rápidamente a la información que nos ofrece un menú, como puede ser el menú *Cuentas*, es convertirlo en un menú flotante (**PopupMenu**). Quiere decir que pulsando con el botón derecho en cualquier parte del formulario padre, nos aparecerá automáticamente dicho menú.

```
Private Sub MDIForm_MouseDown(Button As Integer, Shift As Integer, x As Single, Y As Single)
  If Button = 2 Then  '2 para el botón derecho
    PopupMenu Cuentas
  End If
End Sub
```

FORMULARIOS

Introducción de datos económicos

Empezamos a codificar cada opción. La primera opción que seleccionará el usuario que entre por primera vez corresponderá a la introducción de datos, ya sean pasivos o activos.

Crearemos un nuevo formulario Form5 con el que pediremos al usuario los datos que necesitamos introducir.

Los controles que aparecen en el formulario son:

Control	Propiedad	Valor
Label1	Caption	Fecha(día/mes/año)
Label2	Caption	Concepto
Label3	Caption	Importe
Text1	Caption	""

Control	Propiedad	Valor
Text2	Caption	""
Text3	Caption	""
Frame1	Caption	Opciones :
Check1	Caption	Introducir los datos
Check2	Caption	Salir
Form	Caption	Introducir Activo

Listado de datos

El siguiente formulario que necesitamos crear es aquel en el cual listaremos los datos del activo y pasivo acumulado. Utilizaremos una carpeta con dos pestañas, una para el activo donde los datos apareceran de color azul, y otra para el pasivo con los datos de color rojo.

Llamaremos al nuevo formulario creado *FrmOpciones*:

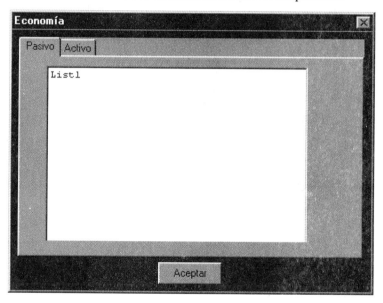

La carpeta la encontramos dentro de los *Componentes* del menú *Proyecto* con el nombre *Microsoft Common Dialog Controls 5.0*. En particular se llama **TabStrip**.

Los controles introducidos vienen definidos por:

Control	Propiedad	Valor
Form	Caption	Economía
CommandButton	Caption	Aceptar
	Name	Ok

Pulsando el botón derecho del ratón encima de la carpeta, aparece un menú deplegable con una opción llamada *Propiedades*. Si volvemos a pulsar, nos mostrará una carpeta con distintas pestañas, de la que seleccionaremos la llamada *Fichas*. llenaremos en la *Ficha1* la caja de texto *Caption* con el nombre Pasivo, y la *Ficha2* con Activo. Además podemos escribir un mensaje que aparecerá cuando el usuario señale la pestaña (**ToolTipText**).

La ventana de propiedades de la carpeta (**TabStrip**) es:

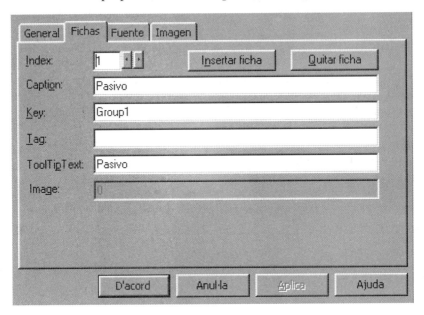

A continuación codificaremos la carpeta, con el fin de responder a la selección por parte del usuario, de la pestaña de *Activo* o *Pasivo*. En un caso u otro han de aparecer listados los datos correspondientes.

Podemos acceder a las diferentes fichas mediante el tabulador, con las teclas **ctrl+tab**. Tenemos la precaución de controlar cuándo se llega a la última ficha para pasar a la primera:

```
Private Sub Form_KeyDown(KeyCode As Integer, Shift As Integer)
   Dim i As Integer
   'controla ctrl+tab para moverse a la siguiente ficha
   If Shift = vbCtrlMask And KeyCode = vbKeyTab Then
      i = tbsOptions.SelectedItem.Index
      If i = tbsOptions.Tabs.Count Then
         'es la última ficha, volvemos a la primera
         Set tbsOptions.SelectedItem = tbsOptions.Tabs(1)
      Else
         'incrementa la ficha
         Set tbsOptions.SelectedItem = tbsOptions.Tabs(i + 1)
      End If
   End If
End Sub
```

Cuando desde el menú principal del formulario padre MDIForm se llama al formulario *Listado de datos*, ocurre el suceso **Load()**. En este momento llenaremos las fichas con la información de la base de datos del activo (**rsa**) y pasivo (**rsp**). Desde el primer (**MoveFirst**) al último registro (**EOF**).

```
Private Sub Form_Load()
Dim respuesta As String
Dim palabra As Variant
Dim conc As String * 20   'Concepto ocupa 20 caracteres

On Error GoTo punto1:  'En caso de error
' al comienzo
rsp.MoveFirst
rsa.MoveFirst

'llenamos la ficha del PASIVO
FrmOpciones.List1(1).ForeColor = RGB(255, 0, 0) ' color rojo

Do While Not rsp.EOF
  If Not IsNull(rsp!Fecha) Then
    palabra = rsp!Fecha
  End If
  If Not IsNull(rsp!Concepto) Then
    conc = rsp!Concepto
    palabra = palabra & " " & conc
  End If
  If Not IsNull(rsp!Importe) Then
    palabra = palabra & " " & rsp!Importe
  End If

    FrmOpciones.List1(1).AddItem palabra
  rsp.MoveNext    'siguiente registro
Loop
  rsp.MoveFirst

' Ficha del ACTIVO
palabra = "": conc = ""
Do While Not rsa.EOF
  If Not IsNull(rsa!Fecha) Then
    palabra = rsa!Fecha
  End If
  If Not IsNull(rsa!Concepto) Then
    conc = rsa!Concepto
    palabra = palabra & " " & conc
  End If
  If Not IsNull(rsa!Importe) Then
    palabra = palabra & " " & rsa!Importe
```

```
    End If
      FrmOpciones.List1(0).AddItem palabra
      rsa.MoveNext   'siguiente registro
    Loop
      rsa.MoveFirst
```

Si queremos centrar el formulario (**Me**) dentro de la pantalla, comparamos las dos alturas y anchuras y las dividimos por la mitad:

```
    'centrar el formulario
    Me.Move (Screen.Width - Me.Width) / 2, (Screen.Height - Me.Height) / 2
    ' vemos las listas
    List1(1).Visible = True   ' Vemos el Pasivo
    List1(0).Visible = False  'No vemos el activo
Exit Sub
```

En caso de error, para evitar que se interrumpa la aplicación, controlamos el tipo de error con la instrucción **Err.Description**. Probablemente se produzca por la falta de datos a la hora de llenar las listas del *Activo* y el *Pasivo*:

```
punto1:
  respuesta = MsgBox("Seguramente falten datos" & Chr(13) & _
  Chr(10) & Err.Description, vbCritical, "Aviso")
End Sub
```

Codificamos el formulario de manera que al hacer doble click encima de un dato se pueda eliminar. Hay dos listas de datos, la primera de índice 0 corresponde al *Activo* y la de índice 1 al *Pasivo*. Antes de borrar preguntaremos al usuario si está seguro de querer hacerlo:

```
Private Sub List1_DblClick(Index As Integer)
Dim nregp As Integer, nrega As Integer, i As Integer
Dim respuesta As String
'movemos los registros al primero
rsp.MoveFirst
rsa.MoveFirst

  Select Case Index
    Case 0:            'Activo
      For i = 0 To List1(0).ListIndex - 1
        rsa.MoveNext               ' registro actual
      Next i
      nrega = rsa.AbsolutePosition
        respuesta = MsgBox("Seguro que c " _
           & List1(0).List(List1(0).ListIndex), 65, "Aviso")
        If respuesta = 2 Then Exit Sub
      List1(0).RemoveItem List1(0).ListIndex  ' borra de la lista
      rsa.Delete                    ' borra el registro
```

```
            ' seleccionar otro registro
            If nrega = rsa.RecordCount Then
               rsa.MovePrevious  ' el anterior
            Else
               rsa.MoveNext
            End If
      Case 1:              'Pasivo
            For i = 0 To List1(1).ListIndex - 1
               rsp.MoveNext          ' registro actual
            Next i
            nregp = rsp.AbsolutePosition
            resposta = MsgBox("Seguro que quiere borrar " _
                    & List1(1).List(List1(1).ListIndex), 65, " Aviso ")
               If resposta = 2 Then Exit Sub
            List1(1).RemoveItem List1(1).ListIndex  ' borra de la lista
            rsp.Delete                  ' borra el registro
            ' seleccionar otro registro
            If nrega = rsp.RecordCount Then
               rsp.MovePrevious  ' el anterior
            Else
               rsp.MoveNext
            End If
   End Select
End Sub
```

Finalmente, controlamos la acción de pulsar una pestaña (**tbsOptions**) de la carpeta. Al cambiar de pestaña se tiene que cambiar de ficha y consecuentemente de lista, ya sea la lista **List1(0)** del activo o la lista **List1(1)** del pasivo. A cada una le corresponde un número de índice de pestaña distinto (2 y 1 respectivamente).

```
Private Sub tbsOptions_Click()
   If tbsOptions.SelectedItem.Index = 1 Then
      List1(0).Visible = False
      List1(1).Visible = True
   End If
   If tbsOptions.SelectedItem.Index = 2 Then
      List1(0).Visible = True
      List1(1).Visible = False
   End If

End Sub
```

Listado por nombres

Queremos crear un formulario para listar todos los nombres de nuestra base de datos. Y del nombre elegido de la lista, mostrar todos los datos: nombre, dirección, ciudad, número de teléfono y comentario.

Los controles que necesitamos dibujar encima del formulario son:

Control	Propiedad	Valor
Form	Name	Form4
	Caption	Agenda: Listado por nombres
ListBox	Name	List1
Label	Name	Nom
	Caption	Nombre:
Label	Name	Dirección:
	Caption	Dirección:
Label	Name	Ciudad:
	Caption	Ciudad:
Label	Name	NúmeroTel
	Caption	Número Teléf:
Label	Name	Nota
	Caption	Nota:
Text1	Caption	""
Text2	Caption	""
Text3	Caption	""
Text4	Caption	""
Text5	Caption	""
	ScrollBars	2-Vertical

La distribución debería parecerse a:

Programaremos el formulario de manera que la respuesta al suceso *Doble Click* encima de un nombre de la lista (**List1**), sea un listado de toda la información disponible en las cajas de texto correspondientes.

Moveremos la base de datos al primer registro del recordset **rst** (**MoveFirst**). A partir del primero, buscaremos el registro seleccionado por el usuario (**FindFirst**). Si la búsqueda es infructuosa asignaremos a la caja de texto el valor vacío (**Empty**), por el contrario el nombre y apellido.

Esta operación la repetiremos para cada campo (*Apellidos, Nombre, Dirección, CódigoPostal, Ciudad, NúmDeTeléf y Nota*)

```
Private Sub List1_DblClick()
  rst.MoveFirst
  rst.FindFirst "[Apellidos] like '" & List1.text & "'"

  ' si no hay nada
  If IsNull(rst!Apellidos) Or IsNull(rst!Nombre) Then
    Text1.text = Empty
  Else
    Text1.text = rst!Nombre & " " & rst!Apellidos
  End If
  If IsNull(rst!Dirección) Then
    Text2.text = Empty
  Else
    Text2.text = rst!Dirección
  End If
  If IsNull(rst!CódigoPostal) Or IsNull(rst!Ciudad) Then
    Text1.text = Empty
  Else
    Text3.text = rst!CódigoPostal & " - " & rst!Ciudad
  End If
  If IsNull(rst!NúmdeTeléf) Then
    Text4.text = Empty
  Else
    Text4.text = rst!NúmdeTeléf
  End If
  If IsNull(rst!Nota) Then
    Text5.text = Empty
  Else
    Text5.text = rst!Nota
  End If
End Sub
```

Introducir datos en la agenda

El formulario más importante de una aplicación es aquel a partir del cual el usuario es capaz de introducir los datos que desea manipular. Aunque importante, normalmente es el más sencillo de crear. Únicamente tenemos que listar encima del formulario el conjunto de parámetros deseados dentro de etiquetas (**Label**). Al lado de cada etiqueta situaremos una caja de texto (**TextBox**) para que el usuario pueda comunicar los datos a introducir.

Una vez llenadas las cajas de texto, pulsando un botón de Opción (**OptionButton**), los datos se almacenarán en la base de datos.

Control	Propiedad	Valor
Form	Name	Form2
	BackColor	&H00C0FFFF&
	Caption	Agenda : Introducir datos
	Icon	Icono
Label1	Caption	Nombre
	BackColor	&H00C0FFFF&
Label2	Caption	Apellidos
	BackColor	&H00C0FFFF&
Label3	Caption	Dirección
	BackColor	&H00C0FFFF&
Label4	Caption	Ciudad
	BackColor	&H00C0FFFF&
Label5	Caption	Provincia
	BackColor	&H00C0FFFF&
Label6	Caption	Cód. Postal
	BackColor	&H00C0FFFF&
Label7	Caption	Núm. Teléf
	BackColor	&H00C0FFFF&
Label8	Caption	Nota
	BackColor	&H00C0FFFF&
Text1 a Text7	Caption	""
Text8	Caption	""
	ScrollBars	2-Vertical
OptionButton1	Caption	Introducir datos
	BackColor	&H00C0FFFF&
OptionButton2	Caption	Salir
	BackColor	&H00C0FFFF&

Una posible distribución de estos controles sobre el formulario:

El siguiente formulario que necesitaremos incorporar a nuestro proyecto será el de borrar los datos que ya no queramos tener en nuestra base de datos.

Borrar datos de la agenda

Al solicitar el formulario de borrar datos de la agenda, aparecerán en una lista todos los nombres de la base de datos. El usuario sólo tendrá que señalar con el ratón el nombre de la lista que quiera borrar y éste desaparecerá de la base.

Codificaremos el formulario para que responda al suceso Click sobre el nombre de la lista **List1**. La respuesta debe eliminar el nombre, confirmando previamente esta operación mediante una caja de mensaje (**MsgBox**).

Dibujaremos el control **ListBox** llamado **List1** encima del formulario llamado *Form3* tal como aparece a continuación:

Cuando se cargue (**Load**) el formulario, en la lista **List1** introduciremos todos los nombres de la base de datos *Amigos*, guardados en el Recordset **rst**. Definiremos los campos (**Fields**) a introducir (*Nombre* y *dirección*) y los añadiremos conjuntamente en la lista (**AddItem**). Acto seguido, nos moveremos al siguiente registro (**MoveNext**) iterativamente hasta el final de la base de datos (**rst.EOF**).

```
Private Sub Form_Load()
Dim fld(1) As Field

  Set fld(0) = rst.Fields("Nombre")
  Set fld(1) = rst.Fields("Apellidos")

  rst.MoveFirst   ' Primer registro
  Do While Not rst.EOF
    If Not IsNull(rst!Nombre) Then
       List1.AddItem fld(0) & fld(1)
    End If
    rst.MoveNext ' siguiente registro
  Loop
End Sub
```

El código asociado al suceso **Click** de la lista **List1**:

```
Private Sub List1_Click()
Dim aux As String, n As Integer, nreg As Integer
Dim aux1 As String, msg As String, i As Integer

  aux = List1.List(List1.ListIndex)  'Nombre seleccionado por el usuario.
  n = Len(aux)  ' longitud del nombre total
  aux1 = Right(aux, n - 10) ' todos los caracteres menos el nombre
  rst.FindFirst "[Apellidos] like '" & aux1 & "'"
```

La propiedad **List** nos proporciona el texto correspondiente a la línea con número de índice **Index**. Este número de índice lo obtenemos con la propiedad **ListIndex**. Una vez tengamos el nombre completo (Nombre más Apellidos), los habremos de separar para poder buscarlos en la base de datos. Teniendo en cuenta que a la hora de cargar los datos en la lista hemos reservado un espacio para el nombre de diez caracteres, para separarlo otra vez, restaremos por la derecha (**Right**) al texto total de longitud (**Len**) n, todos los caracteres menos los diez del nombre.

En este momento ya podemos buscar el nombre con la instrucción **FindFirst**.

Antes de borrar la información, preguntaremos al usuario si está seguro de querer hacerlo, a través de una caja de mensaje:

```
' mensaje de confirmación
msg = MsgBox("Seguro que quiere borrar " & Chr(13) & Chr(10) & aux, 65, "Borrar datos")
If msg <> 1 Then Exit Sub
nreg = rst.AbsolutePosition ' registro actual
rst.Delete          ' Borra el registro actual
```

La propiedad **AbsolutePosition** permite controlar o situar puntero del registro activo en un registro específico basado en su posición ordinal en un objeto Recordset de tipo *Dynaset* o *Snapsho*. En nuestro caso guardamos el número del registro eliminado en la variable nreg. En esta situación la base de datos está apuntando a un registro del Recordset inexistente, lo que provocaría un error. Para evitarlo, tenemos que señalar al registro siguiente (**MoveNext**), y si el registro eliminado fuera el último, apuntaríamos al anterior (**MovePrevious**).

```
' seleccionar otro registro
If nreg = rst.RecordCount Then ' si es el último
   rst.MovePrevious
Else
   rst.MoveNext
End If
```

Finalmente, actualizar la lista, borrando de ella el registro desaparecido. Identificaremos la posición que ocupa en la lista comparando cada nombre y cuando lo encontremos lo borraremos con la instrucción **RemoveItem**.

```
' actualitzar la lista
For i = 0 To List1.ListCount - 1
   If List1.List(i) = aux Then    'Comparamos los nombres
      List1.RemoveItem (i)
      Exit For              ' Salimos del bucle de búsqueda
   End If
Next i
```

Opcionalmente podemos listar los nombres de la agenda, utilizando la opción de menú *Listar por nombres*:

' actualizar el listado por nombres
MDIForm1.**ListadoNombres_Click**

End Sub

Ordenar datos de la agenda

Necesitamos un formulario que nos sirva para ordenar los datos de nuestra base de datos, clasificarlos, filtrarlos o imprimirlos. Puede suceder que por un motivo determinado, queramos imprimir sólo los amigos de nuestra base de datos que sean de Barcelona. Con este formulario, filtraremos mediante las instrucciones **SQL** los amigos que residan en Barcelona, y el resultado de esta consulta lo imprimiremos.

Para conseguir un formulario parecido a:

principalmente necesitamos utilizar dos controles: la rejilla de acceso a datos (**DBGrid**) y una caja de diálogo estándar (**CommondDialog**).

La primera la puede incorporar en su proyecto ejecutando la orden *Componentes* del menú *Proyecto*. En la ventana que le mostrará incorpore *Microsoft Grid Control*. También necesita hacer referencia a la biblioteca de objetos de acceso a datos, *Microsoft DAO*, de la orden *Referencias* del menú *Proyecto*.

La caja de diálogo estándar la encontrará ejecutando la orden *Componentes* con el nombre ***Microsoft Common Dialog Control***.

El formato tal como aparece más arriba, lo conseguimos introduciendo los nombres de nuestros campos (*Nombre, Apellidos, Dirección*, etc.) operando sobre la orden ***Propiedades*** del menú flotante de **DBGrid**.

En la parte superior del formulario dibujaremos los distintos botones (**Command-Button**) necesarios para opción: Actualizar (**cmdActualizar**), Ordenar (**cmdOrdenar**), Filtrar (**cmdFiltro**), Cerrar (**cmdCerrar**) y Imprimir (**cmdImprimir**).

Donde queramos, dibujaremos la caja de diálogo estándar.

Codifiquemos cada botón. Primero definiremos dos variables públicas que nos servirán para controlar la columna a ordenar (**msSortCol**) y la tecla *ctrl* en el orden descendente (**mbCtrlKey**).

Dim **msSortCol** As String
Dim **mbCtrlKey** As Integer

Al pulsar el botón Cerrar queremos que se descargue el formulario. Lo conseguimos con la función **Unload Me**.

```
Sub cmdCerrar_Click()
    Unload Me
End Sub
```

Con el botón Filtro, copiamos el Recordset de nuestra base de datos *Agenda* vinculada a través de **Data1** en el Recordset auxiliar **recRecordset1**. El usuario redactará la orden de filtro en la caja de entrada **InputBox**. Esta orden quedará almacenada en la cadena **sFilterStr**. Acto seguido, comprobaremos que la cadena no esté vacía con la propiedad **Len** (longitud de cadena). Si no lo está, asignaremos el filtro al Recordset **recRecordset1** mediante la propiedad **Filter**.

Finalmente abriremos otra vez el Recordset (**OpenRecordset**) con el filtro de datos deseado, guardando los datos en **recRecordset2**. Relacionamos el resultado del filtrado (recRecordset2) con la rejilla de datos (Data1.Recordset).

Para controlar cualquier error que se pueda producir, utilizaremos la función **On Error GoTo**. En caso de error la subrutina saltará automáticamente al puntero **FilterErr**, donde se mostrará una caja de diálogo (**MsgBox**) con el número de error y la descripción del mismo (**Err.Description**).

```
Private Sub cmdFiltro_Click()
    On Error GoTo FilterErr

    Dim recRecordset1 As Recordset, recRecordset2 As Recordset
    Dim sFilterStr As String

    If Data1.RecordsetType = vbRSTypeTable Then
        Beep
        MsgBox "Imposible filtrar un Recordset de tipo Table", 48
        Exit Sub
    End If

    Set recRecordset1 = Data1.Recordset          'copia el Recordset

    sFilterStr = InputBox("Introduzca la expresión para filtrar:", "Filtro")
```

```
    If Len(sFilterStr) = 0 Then Exit Sub

    Screen.MousePointer = vbHourglass

    recRecordset1.Filter = sFilterStr

    Set recRecordset2 = recRecordset1.OpenRecordset(recRecordset1.Type)  'establece el filtro
    Set Data1.Recordset = recRecordset2      'lo vuelve a asignar al objeto recordset original

    Screen.MousePointer = vbDefault
    Exit Sub

FilterErr:
    Screen.MousePointer = vbDefault
    MsgBox "Error:" & Err & " " & Err.Description
End Sub
```

Actualizar consiste en aplicar el método **Requery**, que vuelve a realizar la consulta en la que se basa el Recordset actual. Sirve en el caso de que se hayan introducido nuevos datos en la base de datos *Agenda* y éstos aún no estén presentes en nuestra consulta.

```
Private Sub cmdActualizar_Click()
    On Error GoTo RefErr
    Data1.Recordset.Requery
    Exit Sub

RefErr:
    MsgBox "Error:" & Err & " " & Err.Description
End Sub
```

El formato del código en el caso de ordenar los datos es idéntico al del filtro exceptuando la aplicación de la propiedad **Filter** por la de ordenar **Sort** . En las demás instrucciones procedemos de la misma manera.

```
Private Sub cmdOrdenar_Click()
    On Error GoTo SortErr

    Dim recRecordset1 As Recordset, recRecordset2 As Recordset
    Dim SortStr As String

    If Data1.RecordsetType = vbRSTypeTable Then
        Beep
        MsgBox "Imposible ordenar un Recordset de tipo Table", 48
        Exit Sub
    End If
```

```
    Set recRecordset1 = Data1.Recordset          'copia el recordset

    If Len(msSortCol) = 0 Then
       SortStr = InputBox("Escriba la columna a ordenar:", "Ordenar")
       If Len(SortStr) = 0 Then Exit Sub
    Else
       SortStr = msSortCol
    End If

    Screen.MousePointer = vbHourglass

    recRecordset1.Sort = SortStr

    'establece el orden
    Set recRecordset2 = recRecordset1.OpenRecordset(recRecordset1.Type)
    Set Data1.Recordset = recRecordset2

    Screen.MousePointer = vbDefault
    Exit Sub

SortErr:
    Screen.MousePointer = vbDefault
    MsgBox "Error:" & Err & " " & Err.Description
End Sub
```

La opción Imprimir (**cmdImprimir**) imprime los datos del Recordset tal como lo tenemos en estos momentos. Imprimiremos el resultado de los filtros u ordenaciones que hayamos aplicado a nuestra base de datos. Las opciones de impresora o número de copias que queramos imprimir, las consultaremos a través de una caja de diálogo estándar (**CommonDialog1**). En el caso de que el usuario decidiera cancelar la operación, y pulsara el botón **Cancel**, se produciría un error. Para evitarlo, provocaremos un error que podremos controlar con la función **On Error GoTo**, pudiendo salir de la subrutina con normalidad.

La propiedad **Copies** guarda en número de copias que el usuario ha pedido en la caja de diálogo para impresora (**ShowPrinter**). La información de cada amigo del Recordset será guardada en la variable **palabra**. Usaremos el controlador de fin de línea **Chr(13)** para situar el número de teléfono debajo del nombre, la dirección debajo del número de teléfono, etc.

La información depositada en la variable palabra la imprimiremos utilizando la propiedad **Print**, del objeto impresora **Printer**. Repetiremos esta acción para cada registro del Recordset. Al final, cerraremos el documento de impresión con el método **EndDoc**.

```
Private Sub cmdImprimir_Click()
Dim Numcopias, i
Dim palabra As Variant
```

```vb
On Error GoTo ImErr
' generar un error al cancelar
CommonDialog1.CancelError = True
CommonDialog1.ShowPrinter
' opciones
Numcopias = CommonDialog1.Copies

Screen.MousePointer = vbHourglass   ' Puntero del ratón en modo reloj

' imprimir las copias

For i = 1 To Numcopias

'Titulo
Printer.Print "AGENDA :"
Printer.Print

Data1.Recordset.MoveFirst   'Recordset filtrado y ordenado

Do While Not Data1.Recordset.EOF
  If Not IsNull(Data1.Recordset.Fields("Nombre").Value) Then
    palabra = Data1.Recordset.Fields("Nombre").Value
  End If
  If Not IsNull(Data1.Recordset.Fields("Apellidos").Value) Then
    palabra = palabra & Data1.Recordset.Fields("Apellidos").Value
  End If
  If Not IsNull(Data1.Recordset.Fields("NúmDeTeléf").Value) Then
    palabra = palabra & Chr(13) & Data1.Recordset.Fields("NúmDeTeléf").Value
  End If
  If Not IsNull(Data1.Recordset.Fields("Dirección").Value) Then
    palabra = palabra & Chr(13) & Data1.Recordset.Fields("Dirección").Value
  End If
  If Not IsNull(Data1.Recordset.Fields("CódigoPostal").Value) Then
    palabra = palabra & Chr(13) & Data1.Recordset.Fields("CódigoPostal").Value
  End If
  If Not IsNull(Data1.Recordset.Fields("Ciudad").Value) Then
    palabra = palabra & " - " & Data1.Recordset.Fields("Ciudad").Value
  End If
  If Not IsNull(Data1.Recordset.Fields("Provincia").Value) Then
 palabra = palabra & Chr(13) & Data1.Recordset.Fields("Provincia").Value
  End If

    ' imprimir
    Printer.Print palabra
    Printer.Print
  Data1.Recordset.MoveNext   ' siguiente registro
Loop
```

```
    Data1.Recordset.MoveFirst
    ' impresora acaba el documento
    Printer.EndDoc
Next i
    Screen.MousePointer = vbDefault   ' puntero normal del ratón

SalirIm:
  Exit Sub
ImErr:
  If Err.Number = cdlCancel Then Exit Sub
  MsgBox Err.Description
  Resume SalirIm
End Sub
```

Al cargar el formulario, situaremos en la cabecera el nombre de nuestra base de datos, usando la propiedad **RecordSource** .

```
Private Sub Form_Load()
  On Error GoTo LoadErr

    Data1.Refresh   ' Actualiza la base
    Me.Caption = Data1.RecordSource   ' Nombre de la base
  Exit Sub

LoadErr:
   MsgBox "Error:" & Err & " " & Err.Description
   Unload Me
End Sub
```

Controlaremos la distribución de la rejilla en la ventana, de manera que aunque se modifique el tamaño (**Resize**), la rejilla siempre permanezca centrada. Una vez comprobado que la ventana no está minimizada (1), restaremos a la anchura total del formulario (**Me**) la anchura de la suma de todas las pestañas (**picButtons**) de la rejilla más la parte que no contiene pestañas (425).

```
Private Sub Form_Resize()
   On Error Resume Next
   If Me.WindowState <> 1 Then
     grdDataGrid.Height = Me.Height - (425 + picButtons.Height)
   End If
End Sub
```

Si el usuario decide eliminar una fila de datos (un registro), le pediremos que confirme su intención usando el método **BeforeDelete**. Si la respuesta no es afirmativa (**vbYes**) cancelaremos la operación.

```
Private Sub grdDataGrid_BeforeDelete(Cancel As Integer)
```

```
    If MsgBox("¿Quiere eliminar la fila actual?", vbYesNo + vbQuestion) <> vbYes Then
        Cancel = True
    End If
End Sub
```

Antes de grabar los cambios que realice el usuario en la base de datos, le pediremos confirmación usando el método **BeforeUpdate**:

```
Private Sub grdDataGrid_BeforeUpdate(Cancel As Integer)
    If MsgBox("¿Quiere realitzar los cambios?", vbYesNo + vbQuestion) <> vbYes Then
        Cancel = True
    End If
End Sub
```

Cuando el usuario hace clic en el encabezado de una determinada columna de un control **DBGrid** acontece el método **HeadClick**. Utilizaremos este método para ordenar en orden descendiente los datos de la columna seleccionada. Antes de llamar a la función ordenar **cmdOrdenar_Click** debemos especificar la columna, mediante la propiedad **Name** (Nombre del campo) del Recordset. A cada columna de la tabla de datos **DBGrid** le corresponde un número de índice **ColIndex** para caracterizarla.

```
Private Sub grdDataGrid_HeadClick(ByVal ColIndex As Integer)
    'vamos a ordenar
    If Data1.RecordsetType = vbRSTypeTable Then Exit Sub

    'comprueba el uso de la tecla ctrl para orden descendente
    If mbCtrlKey Then
        msSortCol = "[" & Data1.Recordset(ColIndex).Name & "] desc"
        mbCtrlKey = 0          'actualiza
    Else
        msSortCol = "[" & Data1.Recordset(ColIndex).Name & "]"
    End If
    cmdOrdenar_Click  ' Llama al botón ordenar
    msSortCol = vbNullString       'actualiza

End Sub
```

En el momento de soltar el botón del ratón **MouseUp** queremos que se ordene la columna seleccionada. Para ello marcamos la variable **mbCtrlKey**.

```
Private Sub grdDataGrid_MouseUp(Button As Integer, Shift As Integer, x As Single, Y As Single)
    mbCtrlKey = Shift
End Sub
```

OPCIONES DEL MENÚ

Una vez definidos los formularios, hay que relacionarlos a partir del menú principal del formulario padre MDIForm. Codificaremos cada opción del menú.

Archivo. Salir

Al salir de la aplicación *Agenda*, cerraremos la base de datos agenda (**dbs**) y las aplicaciones Microsoft Word y Excel si en su caso no lo hubiéramos hecho. Al corresponder a la variable **HojaWord** y **HojaExcel** el valor vacío (**Nothing**) liberamos la memoria de enlace entre aplicaciones.

```
Private Sub Salir_Click()
On Error Resume Next

' cerrar Word
  HojaWord.Application.Quit
  If Not (HojaWord Is Nothing) Then Set HojaWord = Nothing

' cerrar Excel
  If Not (HojaExcel Is Nothing) Then
    HojaExcel.Application.Quit
    Set HojaExcel = Nothing
  End If

'cerrar la base de datos
  dbs.Close
'cerrar la aplicación
  End
End Sub
```

Cuentas. Listado de Datos

Al seleccionar esta opción de menú aparece (**Show**) el formulario FrmOpciones.

```
Private Sub Listado_Click()
FrmOpciones.Show
End Sub
```

Cuentas. Introducir. Pasivo

El formulario de introducción de datos sirve tanto para el pasivo como para el activo. Por ello debemos cambiar el título del formulario por el corresponda en cada caso. Nos servimos de un indicador (**flag**) para recordar la opción elegida.

```
Private Sub IntroPasivo_Click()
  'ponemos el título de Pasivo
  Form5.Caption = "Introducir Pasivo"
  'indicador de pasivo
```

```
flag = "Pasivo"
Form5.Show         ' Mostramos el formulario
End Sub
```

Cuentas. Listado de datos en Excel. Pasivo

Como ya venimos tratando en este libro, una opción muy eficaz para tratar los datos que poseemos es utilizar todas las ventajas que nos ofrece la aplicación Microsoft Excel.

Directamente, abriremos la aplicación e introduciremos los datos del pasivo en una hoja de cálculo. Previamente habremos preparado la presentación de los mismos:

```
Private Sub ExcelPasivo_Click()
Dim cadena As String
Dim n As Integer: n = 2
Set HojaExcel = CreateObject("Excel.Sheet.5")
fullexcel.Application.Visible = True
rsp.MoveFirst
  ' Presentación de títulos
  HojaExcel. Application.Cells(1, 1).Font.Bold = True
  HojaExcel. Application.Cells(1, 1).Value = " FECHA"
  HojaExcel. Application.Cells(1, 2).Font.Bold = True
  HojaExcel. Application.Cells(1, 2).Value = " CONCEPTO"
  HojaExcel. Application.Cells(1, 3).Font.Bold = True
  HojaExcel. Application.Cells(1, 3).Value = " IMPORTE"

Do While Not rsp.EOF
  If Not IsNull(rsp!Fecha) Then
      HojaExcel.Cells(n, 1).Value = Str(rsp!Fecha)
  End If
  If Not IsNull(rsp!Concepto) Then
     cadena = rsp!Concepto
      HojaExcel.Cells(n, 2).Value = cadena
  End If
  If Not IsNull(rsp!Importe) Then
      HojaExcel.Cells(n, 3).Value = Str(rsp!Importe)
  End If
     n = n + 1
  rsp.MoveNext      siguiente registro
Loop

  ' suma total
  HojaExcel. Application.Cells(n + 1, 3).Font.Bold = True
  HojaExcel. Application.Cells(n + 1, 3).Value = "=SUM(c2:c" & n & ")"
  HojaExcel. Application.Cells(n + 1, 2).Font.Bold = True
  HojaExcel. Application.Cells(n + 1, 2).Value = "TOTAL"

End Sub
```

Al final de la lista de datos añadimos el cálculo de la suma del total del pasivo acumulado. El resultado final (en función de los datos que introduzcamos) debería parecerse a:

	A	B	C
1	FECHA	CONCEPTO	IMPORTE
2	12/02/95	Hipoteca	1212533
3	08/04/98	Deudas	56230
4	11/12/98	Préstamo	1234568
5			
6		TOTAL	2503331

Cuentas. Listado de datos en Excel. Activo

El código asociado con este apartado es similar al del Pasivo exceptuando que ahora los datos proceden del Recordset del activo (**rsa**) en vez del pasivo (**rsp**).

Cuentas. Listado de datos en Excel. Total

Uniendo el código de las dos opciones anteriores junto con una instrucción que haga aparecer las cifras del pasivo en rojo, conseguiremos plasmar en una hoja de cálculo todos los resultados.

```
Private Sub ExcelTotal_Click()
Dim cadena As String
Dim n As Integer: n = 2
Dim m As Integer

Set HojaExcel = CreateObject("Excel.Sheet.5")
HojaExcel.Application.Visible = True    ' Se hace visible la aplicación

' títulos de la página
HojaExcel.Application.Cells(1, 1).Font.Bold = True
HojaExcel.Application.Cells(1, 1).Value = " FECHA"
HojaExcel.Application.Cells(1, 2).Font.Bold = True
HojaExcel.Application.Cells(1, 2).Value = " CONCEPTO"
HojaExcel.Application.Cells(1, 3).Font.Bold = True
HojaExcel.Application.Cells(1, 3).Value = " IMPORTE"
```

Con las propiedades **Bold** (Negrita) y **Value** (Valor) escribimos los títulos de la hoja de cálculo. A continuación llenamos las columnas con los datos del activo y del pasivo:

```
' ACTIVO
rsa.MoveFirst
```

```
Do While Not rsa.EOF
 If Not IsNull(rsa!Fecha) Then
    HojaExcel.Application.Cells(n, 1).Value = Str(rsa!Fecha)
 End If
 If Not IsNull(rsa!Concepto) Then
    cadena = rsa!Concepto
    HojaExcel.Application.Cells(n, 2).Value = cadena
 End If
 If Not IsNull(rsa!Importe) Then
    HojaExcel.Application.Cells(n, 3).Value = Str(rsa!Importe)
 End If
   n = n + 1
  rsa.MoveNext   ' siguiente registro
Loop
 m = n + 1 ' seperar Pasivo del Activo

   'PASIVO
 rsp.MoveFirst

Do While Not rsp.EOF
 If Not IsNull(rsp!Fecha) Then
    HojaExcel.Application.Cells(m, 1).Value = Str(rsp!Fecha)
 End If
  If Not IsNull(rsp!Concepto) Then
    cadena = rsp!Concepto
 HojaExcel.Application.Cells(m, 2).Value = cadena
  End If
  If Not IsNull(rsp!Importe) Then
    HojaExcel.Application.Cells(m, 3).Font.ColorIndex = 3    'Color Rojo
    HojaExcel.Application.Cells(m, 3).Value = Str(rsp!Importe)
  End If
    m = m + 1
  rsp.MoveNext   ' siguiente registro
Loop

   ' suma total
   HojaExcel.Application.Cells(m + 1, 3).Font.Bold = True
   HojaExcel.Application.Cells(m + 1, 2).Font.Bold = True
   HojaExcel.Application.Cells(m + 1, 3).Value = "=(SUM(c2:c" & n - 1 & ")- _
                            SUM(c" & n + 1 & ":c" & m - 1 & "))"
   HojaExcel.Application.Cells(m + 1, 2).Value = "TOTAL"
End Sub
```

La propiedad **ColorIndex** controla el color de la fuente a partir de un número de índice. Al 3 le corresponde el rojo.

Ejecutando esta opción del menú conseguimos un formato en la hoja Excel parecido a:

	A	B	C
1	FECHA	CONCEPTO	IMPORTE
2	05/05/98	Nóminas	896232
3	08/08/97	Juego	10005556
4			
5	12/02/95	Hipoteca	1212533
6	08/04/98	Deudas	56230
7	11/12/98	Préstamos	1234568
8			
9		TOTAL	8398457

Aplicando los conocimientos adquiridos en los capítulos de la segunda parte del libro, referentes a la manipulación de Microsoft Excel desde Visual Basic, el lector debe mejorar sustancialmente a su voluntad la presentación de estos datos.

Agenda. Listado. Listado por nombres

En esta opción se utiliza el formulario de *Listado por nombres* (Form4). Antes de llamar al formulario, borraremos por precaución los datos de la lista **List1**, con la propiedad **Clear**. A continuación llenaremos la lista con los datos de la base de *Agenda*, contenidos en el Recordset **rst**. Los datos del campo *Apellidos* los guardamos en la nueva variable *campo* (**Field**) con el nombre **fld**.

```
Public Sub ListadoNombres_Click()
Dim fld As Field, i As Integer
Dim aux As String * 10
 Set fld = rst.Fields("Apellidos")

 rst.MoveFirst
 Form4.List1.Clear   'Borramos la lista
 Do While Not rst.EOF
   If Not IsNull(rst!Apellidos) Then
      Form4.List1.AddItem fld
   End If
   rst.MoveNext ' siguiente registro
 Loop
Form4.Show  'Muestra el formulario
End Sub
```

Agenda. Listado. Ordenar los datos

Usaremos esta opción cuando queramos classificar los datos de nuestra base de datos para ordenarlos o seleccionarlos según un criterio determinado, como puede ser, los *registros* (amigos) que sean de Barcelona (con el *campo* Ciudad igual a

Barcelona). Con la posibilidad de imprimir nuestra selección. Llamaremos al formulario OrdenarDatos.

```
Private Sub ListadoOrdenar_Click()
 OrdenarDatos.Show
End Sub
```

Agenda. Buscar por nombres

Para agilizar la búsqueda de información referida a un nombre, utilizaremos esta opción. El usuario escribirá el apellido de la persona en una caja de entrada (**InputBox**), y automáticamente buscaremos el primer registro (**FindFirst**) que responda a la selección. El resto de la información que acompaña el nombre (dirección, ciudad, etc...) la introduciremos en las cajas de texto correspondientes en el formulario Form4 (*listado por nombres*).

```
Private Sub AgendaBuscar_Click()
  Dim text As String
  text = InputBox("Apellidos ?", "Buscar Datos")
  rst.FindFirst "[Apellidos] like '" & text & "'"

  ' escribimos el resultado
  Form4.Text1 = rst!Nombre & " " & rst!Apellidos
  Form4.Text2 = rst!Dirección
  Form4.Text3 = rst!Ciudad
  Form4.Text4 = rst!NúmdeTeléf
If Not IsNull(rst!Nota) Then
  Form4.Text5 = rst!Nota
Else
  Form4.Text5 = Empty
End If
  Form4.Show
End Sub
```

Agenda. Introducir datos

Introducimos los datos en la base de datos usando el formulario Form2 (*Introducir datos*).

```
Private Sub AgendaIntro_Click()
  Form2.Show
End Sub
```

Agenda. Borrar datos

Borramos datos de la base de datos usando el formulario Form3 (*Borrar datos*).

```
Private Sub AgendaBorrar_Click()
```

```
Form3.Show
End Sub
```

Correspondencia. Escribir a

Este apartado es importante, puesto que utilizamos Microsoft Word desde Visual Basic para poder escribir directamente una carta al miembro de la base de datos que hayamos seleccionado. Veremos una manipulación básica que el lector está en condiciones de personalizar y mejorar notablemente una vez leída la tercera parte del libro.

En una matriz de cadena **dadavar** guardaremos los datos que queremos insertar en el documento Word: nombre, dirección, código postal del destinatario, las mías y la fecha actual. En el caso de no existir algún dato, a la variable **dadavar** le asignamos el valor vacío **Empty** para evitar errores.

El nombre elegido en el menú está guardado en el índice **Index**. Lo buscamos en la base por el apellido usando el método **FindFirst**. Hay que recordar que el nombre de pila tiene reservado un espacio de diez caracteres, para poderlo sustraer a la hora de aislar el apellido.

Con los datos creamos un nuevo documento Microsoft Word **CreateObject**, usando el método añadir (**Add**) un documento a la aplicación.

```
Public Sub Nom_Click(Index As Integer)
Dim n As Integer, aux As String, x As Integer
Dim dadavar(1 To 7) As String

On Error Resume Next

Screen.MousePointer = 11    ' icono reloj

n = Len(Nom(Index).Caption)
  aux = Right(Nom(Index).Caption, n - 10) ' 10 longitud del nombre
  rst.FindFirst "[Apellidos] like '" & aux & "'"
  dadavar(2) = rst!Nombre & " " & rst!Apellidos
  dadavar(3) = rst!Dirección
  If Not IsNull(rst!CódigoPostal) Then
     dadavar(4) = rst!CódigoPostal & " " & rst!Ciudad
  Else
     dadavar(4) = Empty
  End If
  dadavar(1) = Format(Now, "dddd, dd mmmm yyyy")

'iniciar una copia de word
Set DocWord = CreateObject("Word.application")
DocWord.Visible = True
DocWord.Documents.Add
```

```
'insertar los datos
dadavar(5) = "Joan Josep Pratdepadua"
dadavar(6) = "C/ Villa Grande, 12
dadavar(7) = "08311 - Mataró"

DocWord.Selection.TypeText dadavar(1)
DocWord.Selection.TypeParagraph

For x = 2 To 4
  DocWord.Selection.TypeParagraph
  DocWord.Selection.TypeText dadavar(x)
Next x
DocWord.Selection.TypeParagraph
For x = 5 To 7
  DocWord.Selection.TypeParagraph
  DocWord.Selection.TypeText dadavar(x)
Next x

Screen.MousePointer = 0    ' icono Normal
DoEvents    ' Cede el control de la ejecución al sistema operativo, para que éste
            ' pueda procesar otros eventos.
End Sub
```

El resultado de ejecutar esta opción debe parecerse a:

```
Jueves ,20 de octubre 1999

Carmen Sánchez Gómez
C/ Colombia, 20 1° 1ª
08030 – Barcelona

Joan Josep Pratdepadua
C/ Villa Grande, 12
08311 – Mataró
```

Con el enunciado de la carta escrito, empezaríamos la redacción. Evidentemente el lector puede añadir a través de Visual Basic todos aquellos cambios que considere oportunos para mejorar la presentación: el tipo de letra, el color, el formato de la página, el encabezado o pie de página, añadir dibujos, logotipos, tablas, conexiones de Internet, y muchas posibilidades más, tal como venimos explicando a lo largo de la tercera parte del libro.

ÍNDICE

A

AbsolutePosition, 218
Activate, 123
ActiveCell, VI
ActivePane, 182
ActiveSheet, 34
ActiveWindow, 148
ActiveWorkBook, 22
ActiveX, 10
Add, 21
AddAsk, 173
AddCurve, 196
AddFillIn, 174
AddIf, 174
AddItem, 92
AddLine, 195
AddMergeRec, 175
AddMergeSeq, 176
AddNext, 176
AddNextIf, 176
AddNodes, 199
AddOLEControl, 193
AddOLEObject, 151
AddPicture, 196
AddPolyLine, 196
AddSet, 176
AddShape, 197
AddSkipIf, 177
AddTextBox, 194
AddTextEffect, 186

AddToFavorites, 22
Adress, 161
AdvancedFilter, 99
Alignment, 143
AllowAutoFit, 160
AllowPageBreak, 161
Application, 19
ApplyBorders, 149
ApplyColor, 149
ApplyFont, 149
ApplyShading, 149
ArchivoNuevo, 133
Array, 51
AutoFit, 149
AutoFormat, 149
AutoScaling, 38
AutoShapeType, 197
Axes, 48
Axis, 48
AxisGroup, 48

B

BackColor, 4
BackgroundPatternColorIndex, 143
BeforeDelete, 231
BeforeUpdate, 232
Bitmap, 211
BlackAndWhite, 70
Bold, 19

Boolean, 181
Border, 67
BottomPadding, 161
BuildFreeForm, 199

C

CampoAnterior, VI
Caption, 17
CeldaActiva, VI
Cells, 23
CenterFooter, 128
CenterHeader, 128
CenterHorizontally, 128
CenterVerticaly, 128
Class, 3
ClassType, 151
Click, 4
Close, 22
ColorIndex, 237
Cols, 50
CombinarAbrirFuente, 169
CombinarAbrirFuenteDatos, VI
CombinarModificarDocPrincipal, 169
ComboBox, 8
CommandButton, 8
ComposeStyle, 205
Context, 48
Controles, 3
ConvertToShape, 199
CopiarTexto, VI
Copies, 229
CopyText, VI
Count, 148
CreatObject, 18
CreatPivotTable, 105
CurrentEmailAuthor, 204
CutCopyMode, 34
Chart, VI
ChartGroups, 68
ChartSize, 128
ChartTitle, 42
ChartType, 41
ChartWizard, 34
CheckBox, 8

D

DashStyle, 195
Data, 8
Dataseries, 28
DBGrid, 226
DblClick, 218
Delete, 155
DepthPercent, 37
Description, 218
DetectLanguage, 142
DirListBox, 8
Document, 139
DoEvents, 240
Double, 92
Draft, 128
Drag, 4
DrawingObjects, 67
DriveListBox, 8

E

Elevation, 37
Email, 204
EmailSignature, 205
Empty, 221
EndDoc, 229
EOF, 217
ErrorBar, 78
EUROCONVERT, 57
EvenlySpaced, 183
Explicit, 13

F

Fields, 224
FileListBox, 8
FileName, 115
FileNew, 179
FileTitle, 168
Filter, 167
FiltroAutomático, 97
FiltroAvanzado, 99
FindFirst, 225

FirstPageNumber, 128
FirstSliceAngle, 69
FixedCols, 50
FixedRows, 50
FlowDirection, 188
Follow, 203
Font, 31
ForeColor, 4
ForegroundPatternColorIndex, 143
Form, 13
Format, 93
Formula, 52
Formularios, 3
Frame, 136
FreeformBuilder, 198

G

GapDepth, 37
GapWidth, 37
GetObject, 117
Gráfico, VI

H

Has3DShading, 70
HasSeriesLines, 69
HeadClick, 232
Header, 203
Helpfile, 55
Hide, 211
HorizontalAlignment, 31
Host, 55
HscrollBar, 8
Hyperlinks, 203

I

IconIndex, 152
Icono, 150
Image, 8
InputBox, 54
Insert, VI
Insertar, VI
InsertarFechaHora, 138

InsertarImagen, 138
InsertDateTime, 202
InsertFormula, 156
InsertParagraph, 142
InsertTable, 10
Int, 68
Interior, 68
IsNull, 217
IsNumeric, 54
JustificationMode, 141

K

KeyDown, 4
KeyUp, 4

L

LanguageDetected, 142
LanguageID, 142
LeftPadding, 161
Len, 225
Line, 8
LineBetween, 183
LineFormat, 195
LineStyle, 67
LinkToFile, 151
List, 134
ListBox, 8
ListIndex, 116
Load, 13
Location, 110
LostFocus, 4

M

MailMerge, 173
MailMergeOpenDataSource, VI
MainDocumentType, 173
MainDocumentType, 173
MakerStyle, 56
MarkComments, 205
MarkCommentsWidth, 205
MAX, 34
MDIForm, 211

Me, 218
MetaFile, 167
Métodos, 3
MIN, 52
MouseMove, 13
MousePointer, 137
MouseUp, 232
Move, 4
MoveDown, 148
MoveLeft, 148
MoveNext, 213
MovePrevious, 225
MoveRight, 148
MoveUp, 148
MsgBox, 54

N

Name, 166
NestingLavel, 189
NewMessageSignature, 205
NewSeries, 80
Nothing, 19
Numberformat, 31
NumberStyle, 203

O

Objeto, 3
OLE, 8
On Error Goto, 225
Open, 22
OpenDataSource, 170
OpenRecordset, 227
OptimizeForWord97, 142
Option, 22
OptionButton, 8
Oritentation, 25
OverLap, 46

P

PageNumbers, 203
PageSetup, 128
PaperSize, 128

Paragraph, 142
Password, 22
Path, 115
Pattern, 24
PatternColorIndex, 71
Percentage, 182
Perspective, 37
picButtons, 37
Picture, 139
PictureBox, 8
PivotCaches, 104
PivotItems, 108
PivotLayOut, 110
PivotTable, 104
PlotArea, 71
PopupMenu, 214
PreferredWidth, 161
PreferredWidthType, 161
PrepararPágina, VI
PrevField, VI
Printer, 229
PrintOut, 36
PrintPreview, 74
PrintQuality, 128
PRODUCT, 52
Propiedades, 3
Protect, 73
ProtectContents, 72
ProtectData, 72
ProtectDrawingObjects, 72
ProtectFormating, 73

Q

QueryString, 172

R

Range, 150
ReadingOrder, 143
RecordCount, 219
RecordSource, 231
RemoveItem, 225
ReplyMessageSignature, 205
Requery, 228

Resize, 231
RGB, 52
Right, 225
RightAngleAxes, 37
Rnd, 68
Rotation, 37
Rows, 50

S

Save, 139
SaveAs, 22
ScreenTip, 204
Sections, 203
SeekView, 182
SelectedItem, 216
SerieDatos, VI
SeriesCollection, 79
SetFocus, 4
SetSourceData, 44
SetThreeFormat, 198
Shading, 143
Shadow, 68
ShadowOpen, 128
Shape, 8
Sheets, 22
Show, 211
ShowOpen, 168
ShowPrinter, 229
Sort, 94
SQL, 105
String, 92
Style, 205
SubTotal, 101
SubType, 68

T

TablaInsertarTabla, 108
TableDirection, 161
TabStrip, 215
Text, 115
TextBox, 8
TextColumns, 182
TextToDisplay, 204

Texture, 143
ThemeName, 205
ThreeD, 198
Timer, 8
ToolTipText, 216
TrendLines, 59
Twips, 65
Type, 35
TypeParagraph, 183
TypeText, 183

U

Unit, 148
Unload, 13
UseThemeStyle, 205

V

Value, 23
Variant, 13
VaryByCategories, 69
View, 182
Visible, 18
VScrollBar, 8

W

WindowState, 148
With, 24
WordArt, 148
WordWrap, 143
WorkBooks, 20
WorkSheet, 23
WorkSheetFunction, 56

Z

Zoom, 129

NOTAS

CV12/E1/R1/00
Esta edición se terminó de imprimir en noviembre de 2000. Publicada por ALFAOMEGA GRUPO EDITOR, S.A. de C.V. Apartado Postal 73-267, 03311, México, D.F. La impresión se realizó en FOTOMECANICA ROMERO, Calle 2 de abril s/n, Col. Ampliación Vista Hermosa, Nicolás Romero, 54414, Estado de México.

Visítenos en Internet:

http://www.alfaomega.com.mx

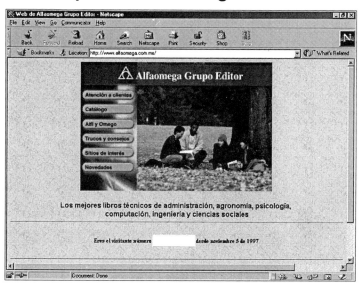

http://www.ra-ma.es

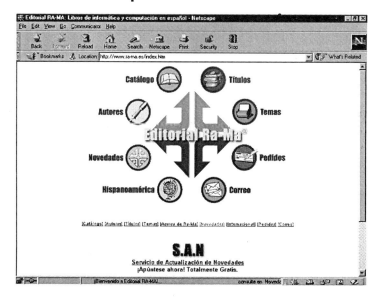

Los mejores libros de computación